婴儿-学步儿教育机构质量评价系统
操作手册

Infant-Toddler Program Quality Assessment（PQA）
Administration Mannual

【美】香农·洛克哈特（Shannon Lockhart）
安·爱泼斯坦（Ann Epstein）
吉尔·克拉克斯顿（Jill Claxton）
项宗萍（Zongping Xiang）
著

洪秀敏 朱文婷 刘 婷 译

教育科学出版社
·北 京·

出 版 人 李 东
策划编辑 孙冬梅
责任编辑 孙冬梅
版式设计 沈晓萌
责任校对 马明辉
责任印制 叶小峰

图书在版编目（CIP）数据

婴儿—学步儿教育机构质量评价系统／（美）香农·洛克哈特等著；洪秀敏等译. —北京：教育科学出版社，2022. 3
（高瞻课程的理论与实践）
ISBN 978-7-5191-2960-6

Ⅰ. ①婴… Ⅱ. ①香… ②洪… Ⅲ. ①早期教育—教育组织机构—质量评价 Ⅳ. ①G610

中国版本图书馆 CIP 数据核字（2022）第 028761 号

北京市版权局著作权合同登记 图字：01-2021-6351 号

高瞻课程的理论与实践
婴儿-学步儿教育机构质量评价系统
YING'ER-XUEBU'ER JIAOYU JIGOU ZHILIANG PINGJIA XITONG

出版发行	教育科学出版社		
社　　址	北京·朝阳区安慧北里安园甲 9 号	**邮　　编**	100101
总编室电话	010-64981290	**编辑部电话**	010-64989395
出版部电话	010-64989487	**市场部电话**	010-64989572
传　　真	010-64989419	**网　　址**	http://www.esph.com.cn
经　　销	各地新华书店		
制　　作	北京金奥都图文制作中心		
印　　刷	保定市中画美凯印刷有限公司		
开　　本	787 毫米×1092 毫米　1/16	**版　　次**	2022 年 4 月第 1 版
印　　张	19.5	**印　　次**	2022 年 4 月第 1 次印刷
字　　数	317 千	**定　　价**	78.00 元（共 3 册）

图书出现印装质量问题，本社负责调换。

译者序

0—3 岁是儿童发展的启蒙阶段，是个体身心发展的关键时期。脑科学、儿科学、发展心理学等学科的研究成果均表明，早期教育对婴幼儿认知、社会性和情感等方面的发展具有重要意义。自我国“全面两孩”政策实施以来，婴幼儿“无人照护”问题进一步凸显，家庭的托育服务需求日益旺盛。专业、科学、系统的早期教育服务能够使婴幼儿得到全面的照护，缓解家庭的后顾之忧。

为积极回应社会需求，党的十九大报告在保障和改善民生的蓝图中特别提出了“幼有所育”的新要求。2019 年 5 月，国务院办公厅印发的《关于促进 3 岁以下婴幼儿照护服务发展的指导意见》中明确提出，加大 3 岁以下婴幼儿照护服务的供给侧改革，为确有照护困难的家庭或婴幼儿提供必要的服务。随后，由国家卫生健康委员会组织起草的《托育机构设置标准（试行）》《托育机构管理规范（试行）》向社会发布。2019 年 10 月，习近平总书记在党的十九届四中全会上强调，必须健全幼有所育等方面国家基本公共服务制度体系。同年 12 月，总书记在中央经济工作会议上进一步提出，要重视解决好“一老一小”问题，支持社会力量发展普惠性托育服务。《2020 年国务院政府工作报告》更是进一步强调，要发展托幼服务。在国家重视及各地的积极探索下，我国婴幼儿照护服务事业迎来新的发展机遇。

2017 年，本课题组获批国家社科

基金重大项目“全面二孩政策下城市地区 0—3 岁婴幼儿托育服务体系研究”(项目批准号：17ZDA123)。在实地调研中发现，当前我国托育服务行业仍处于初始阶段，在当前托育服务供给规模不断扩大的背景下，如何提升托育机构的服务质量，特别是借助科学的质量评价工具促进服务质量的持续提升，成为新时代婴幼儿照护服务事业发展所面临的现实课题与紧迫任务，也是补齐民生短板、实现“幼有所育”的重要议题。“他山之石，可以攻玉”，在当前我国本土的评价工具研制与应用尚不成熟的状况下，由美国高瞻教育研究基金会开发的《婴儿-学步儿教育机构质量评价系统》（*Infant-Toddler Program Quality Assessment*，PQA）吸引了课题组的兴趣。此评价系统的研发旨在帮助照护者、管理者和其他机构工作人员评估机构的优势以及需要改进的地方。不管对于照护者本身而言，还是对于其他需要了解 0—36 个月婴儿和学步儿的照护与环境质量构成要素的人而言，这一工具提供的具体细节都是宝贵的资源。

全套手册共涵盖三个部分。**第一部分《操作手册》**对该评价系统进行了总体介绍，包括什么是婴儿-学步儿教育机构质量评价系统，婴儿-学步儿教育机构质量评价系统在专业发展、自我评价与监测、观察与反馈、研究与评价、信息与宣传以及在开端项目中的使用等，并包含了具体的使用方法与使用步骤的介绍、说明，最后结合一份研究结果报告说明了婴儿-学步儿教育机构质量评价系统测量与评价的有效性。婴儿-学步儿教育机构质量评价系统共测量了婴幼儿照护机构中课程实施与机构运营的七大领域：学习环境、一日流程和常规、成人-婴幼儿互动、课程计划和婴幼儿观察、家长参与和家庭服务、工作人员资质与发展、机构管理。每个领域包括一系列基于专业领域公认的最佳实践梳理出的条目。**第二部分《表A：班级条目》**聚焦班级层面的实践，主要通过对班级的观察来完成，包括对学习环境、一日流程和常规、成人-婴幼儿互动、课程计划和婴幼儿观察这四个领域的评价。该工具将班级观察和工作人员访谈的逸事记录作为评价证据，采用 5 点计分量表，客观地对机构的质量从低到高进行打分。**第三部分《表B：机构条目》**聚焦机构层面的实践，主要通过访谈来完成，包括对家长参与和家庭服务、工作人员资质与发展、机构管理三个领域的评价。该工具将对工作人员或评价者的访谈作为评价证据，采用5点计分量表，客观地对机构的质量从低到高进行打分。与许多只对条目进行“是”或“否”打分的常规测量方法不同的是，此评价系统运用等级量表来评价质量，可使评价者更精准地判别机构发展的现状与需要改进之处。

《婴儿-学步儿教育机构质量评价系统》记录了机构中照护者、教师和婴幼儿一日生活的典型行为，是一种对机构的真实性评价。这套系统参考了被广泛接受的质量定义，同时建立在高瞻课程的基础上，明确了什么样的照护实践、班级材料和服务政策能够造就高质量的托育机构。该评价系统是一个有效且可靠的评价工具，其信度、效度历经多次调整和统计分析，得到了确切的证实，可用于评价任何有关婴儿-学步儿发展的机构。该评价系统综合采用了逸事记录法，以班级观察和工作人员访谈作为依据来对机构进行客观的评价，以更精准地判别机构当前的状态和改善需求。作为一种有效且信息丰富的机构质量测量手段，《婴儿-学步儿教育机构质量评价系统》的用途不仅限于评价，还可以帮助机构改善实践；作为托育人员专业培训的重要依据和参考；帮助利益相关者，如决策者、托育人员、婴幼儿家长和社区成员，理解机构质量的核心要素等。当然，这个评价系统中也有个别指标行不符合中国文化和中国国情，这些内容仅供读者参考。

全书由我组织翻译，朱文婷、刘婷，赵思婕、宋佳，王靖渊、张晗分别参与了《操作手册》及《表A：班级条目》和《表B：机构条目》的翻译工作。朱文婷、赵思婕协助完成了全书的统稿工作。在翻译过程中，课题组成员力图忠实于原文，并多次校对和修改各章节内容，以使译文通顺流畅。

相信此书的翻译和出版，能为我国早期教育领域的研究者、实践者和评价者提供可参考使用的评价工具和指南，特别是在我国积极探索和推进高质量托育服务方面，能够提供专业引领和积极的借鉴价值。

感谢国家社科基金重大项目的资助！感谢教育科学出版社和孙冬梅老师对本书的翻译、出版所给予的大力支持！

时间仓促，敬请广大关心和从事婴幼儿照护服务工作的专家、同行、读者不吝批评指正。

洪秀敏

2020年7月30日于北京师范大学

目　　录

致　　谢

自从1999年玛丽·霍曼提出了婴儿-学步儿教育机构质量评价系统的最初版本以来，很多人将其与高瞻课程相联系，进一步推动了该工具的发展。香农·洛克哈特领导了此工具的修订工作，并且多年来一直与玛丽·霍曼、珍妮·蒙蒂和朱莉·霍尔舍（Julie Hoelscher）保持密切合作。在首次试点研究期间，高瞻领域顾问安·布朗（Ann Brown）、特里西娅·克鲁塞（Tricia Kruse）、西尔维亚·拉维利亚（Silvia LaVilla）、蕾切尔·安德伍德（Rachael Underwood）和黛安·伍达德（Diane Woodard）针对工具的内容和适用性进行了观察，并给予了反馈。在随后的几年时间里，许多人也提供了有利于改进工具的反馈，包括高瞻领域顾问和培训员莫亚·费森（Moya Fewson）、辛迪·科米尔（Cindy Cormier）、桑迪·斯莱克（Sandy Slack）、苏·克里斯坦森（Sue Christensen）和贝丝·奥康娜（Beth O'Conner），以及来自佛罗里达州戴德县以及密歇根州东南部的格雷琴之家（Gretchen's House）的婴儿和学步儿教师。

在最近的一次试点研究中，数据采集人员科尔南·安泽尔克（Kiernan Anzelc）、弗洛·伯克（Flo Burke）、露丝玛莉·伯杰（Rosemary Berger）、道恩·科尔-伊斯特迪（Dawn Cole-Easterday）、苏·盖斯莉（Sue Gainsley）、贝基·詹姆斯（Becky James）、贝丝·奥康娜、科琳·里姆（Colleen Ream）、艾米莉·汤普森（Emily Thompson）、

格温·韦（Gwen Wee）、苏西·韦斯特（Suzi West）和蒂芙尼·莱特（Tiffany Wright）花费了很长时间去观察婴儿-学步儿的环境，并对系统数据进行了记录。除此之外，在密歇根州和印第安纳州的开端计划和照护机构中，婴儿和学步儿教师都非常和善，允许高瞻的质量评价数据采集人员观察教师与婴幼儿之间的互动。

若没有高瞻早期教育评价中心（Center for Early Education Evaluation at HighScope，简称 CEEE）工作人员高质量的工作，这项试点研究不可能如此顺利地完成，这些工作人员包括：玛丽·德尔康（Mary Delcamp）、林恩·格里芬（Lyn Griffin）、贝丝·哈丁（Beth Hardin）、贝基·马伦（Becky Mallon）、卡罗尔·马克利（Carol Markley）、奥利维亚·麦金尼（Olivia McKinney）和贝丝·科尔兹（Beth Scholz），以及在数据分析中充分展现出专业性与默契度的项宗萍、珍妮·蒙蒂和吉尔·克拉克斯顿。他们在最终版的婴儿-学步儿教育机构质量评价系统的开发中发挥着极其重要的作用。

我们向在工具开发中贡献力量和智慧的所有人表达最诚挚的感谢。他们对这次项目所付出的知识、经验和时间使得这个工具变得更强大，最终将推动早期保育和教育质量的改善。

婴儿-学步儿教育机构质量评价系统概述

什么是婴儿-学步儿教育机构质量评价系统？

近年来，人们对早期保育和教育机构质量的关注日益增加，但这种关注更多集中于学前阶段（Education Week，2009）。然而，经过长期的追踪研究，例如美国儿童健康和人类发展研究所的研究，证实了婴儿和学步儿的照护质量对其后续的社会性情感和认知发展至关重要（NICHD Early Child Care Research Network，2002，2003，2012）。一些专业组织发布的标准，如全美幼教协会（NAEYC，2007）和“零到三岁”协会（Zero to Three，2008；Petersen，Jones，& McGinley，2008），以及一些公共部门，如资助了早期开端计划的美国卫生与公共服务部，已经明确界定了 3 岁以下婴幼儿机构实践的质量的定义。

上述推荐对改善婴幼儿照护质量是至关重要的第一步，尤其是它们超出了一般许可规定的最低要求。然而，接下来必须要做的是评价这些更高标准是否在婴儿和学步儿照护机构中被贯彻执行了。系统性的评价要发挥机构评估的作用，还要有有效措施来应对儿童保育质量的方方面面，即通过持续性照护、一致和支持性的照护常规、多样化且适宜的工具和材料、照护者之间以及照护者与家庭之间相互尊重且敏感的互动来培育成人与婴幼儿的关系。

婴儿-学步儿教育机构质量评价系

统测量了课程实施及机构运行的七个领域：学习环境、一日流程和常规、成人-婴幼儿互动、课程计划和婴幼儿观察、家长参与和家庭服务、工作人员资质与发展、机构管理。前四个领域包含在《表 A：班级条目》（后文简称“表 A”）（Hohmann，Lockhart，& Montie，2013）中，后三个领域包含在《表 B：机构条目》（后文简称“表 B”）（Epstein et al.，2013）中。

每个评价领域中的条目都是以高瞻婴儿-学步儿课程（Post，Hohmann，& Epstein，2011）① 和其他婴幼儿教育领域公认的最佳实践经验为基础的。除了高瞻，其他用于定义和描述质量标准的资源包括：全美幼教协会的发展适宜性实践和鉴定标准（Copple & Bredekamp，2009；NAEYC，2007；Willer & Richie，2005）、“零到三岁”协会的早期学习指南（Petersen，Jones，& McGinley，2008；Zero to Three，2008）、早期开端计划的实施标准（US Department of Health and Human Services，Administration for Children，Youth，and Families，Head Start Burean，2004，April），以及其他关注公共健康和安全的专业协会及机构（American Academy of Pediatrics，American Public Health Association，& National Resource Center for Health and Safety in Child Care，2002）。美国国家许可和机构标准也常被作为参考，即使它们一般只定义了最低质量标准。由于本工具不但参考了被广泛接受的质量定义，同时也建立在高瞻课程的基础之上，因此它可以用于任何婴儿-学步儿教育机构中，包括但不限于使用高瞻婴儿-学步儿课程的机构。本书后文详细介绍了开发这项工具时所参考的资源。

作为一种有效的机构质量测量手段，婴儿-学步儿教育机构质量评价系统可以用来培训独立的评价人员或作为自评工具。它可以用于开展系统化的定量研究，也可用来设计工作人员的发展项目。该工具将班级观察和工作人员访谈的逸事记录作为评估证据，客观地采用 5 点计分量表，对机构的质量从低到高进行打分。每个条目均包含作为得分判定依据的描述语，帮助评估者明晰何种类型的照护实践、班级材料和服务政策能够造就高质量的机构。与许多只对

① 指《高瞻 0—3 岁儿童课程——支持婴儿与学步儿的成长和学习》一书，该书中文版已由教育科学出版社出版。——编辑注

条目进行“是”或“否”打分的常规测量方法不同的是，高瞻教育机构质量评价系统运用等级量表来评价机构质量，这可使评价者更精准地判别机构发展现状与需要改进之处。由于婴儿-学步儿教育机构质量评价系统记录了机构中照护者、教师和婴幼儿一日生活的典型行为，所以它是一种对机构的真实性评价。

婴儿-学步儿教育机构质量评价系统的潜在用途

机构质量评价经常被作为“问责”的手段，来帮助管理者和政策制定者决定是否以及如何在机构运营中进行投资（NAEYC & NAECS/SDE0，2003）。然而，有效的、信息丰富的机构评价还有其他用途。例如，婴儿-学步儿教育机构质量评价系统可以用于从整体上识别工作人员的专业发展需求。此外，高瞻教育机构质量评价系统在帮助照护者和教师评价他们自身的服务水平方面也非常有价值。监管者同样可以使用这套评价系统去观察个别教师和照护者，并针对特定的教学实践提出建设性的反馈，因为观察者和被观察者都明确知道该工具是如何定义高质量的。他们可以通过共同努力来达到量表中的最高质量水平。高瞻教育机构质量评价系统还可用来研究高质量的组成要素，以供其他早期照护机构改进。同时，质量的描述语可以帮助那些在婴幼儿发展方面没有接受过正式培训的人——决策者、家长和社区成员——理解在追求机构质量的过程中什么才是最重要的。本书的下一部分将会对该工具的潜在用途进行更为细致的介绍。

专业发展

婴儿-学步儿教育机构质量评价系统可以同时为职前和在职的培训方案提供参考，它通过了解照护者的优势领域和改善需求来明确他们的专业发展计划。这个工具从整体上可以为照护者提供全方位的质量图景。评价系统的每个部分都可以被用于聚焦具体的机构目标或课程实施的某些方面。每个条目下对应指标的例子详细地描述了最佳实践的操作。同时，照护者若想了解提高自身照护能力的更多信息，可以求助于一些高质量的、以发展为导向的项目，例如高瞻婴儿-学步儿课程（Post，Hohmann，& Epstein，2011）。

自我评价和监测

婴儿-学步儿教育机构质量评价系统对于管理者和实践者而言都是有价值的工具。这个工具可以帮助他们评价自身的实践，同时发现未来需要进一步发展和培训的领域。为了促进特定领域的发展，教师和照护者可能会决定花一整年来关注评价系统中的某个条目，或是某个条目中的特定指标。然后他们可以通过合作来提高得分。机构监管者或其他负责把关质量的工作人员还可以使用这个工具来监测单个或多个机构的实施情况。由于高瞻教育机构质量评价系统是客观的、定量的，因此可以用来设定一个或多个领域的目标，并提供过程性的数据和逸事记录。

观察和反馈

当婴儿-学步儿教育机构质量评价系统被用于指导观察和提供反馈时，对工作人员的监督会变得有效，且不会引起他们的焦虑情绪。例如，个体照护者或教师团队可能会同意监管者关注一个或多个方面的实施情况。监管者于是开始使用高瞻教育机构质量评价系统的相关条目或部分内容对机构进行观察，详细记录逸事并进行评价，与照护者或教师一同讨论。他们一起认可做得好的方面，也指出有待提高的地方，并借助这份工具的具体例子去制订行动计划。

研究和评价

当经过培训的外部观察者使用婴儿-学步儿教育机构质量评价系统时，它可以作为研究工具使用。研究可以被设计用于记录机构实践，比较不同机构的环境或不同举办者的服务质量，检测机构质量和婴幼儿发展之间的关系。还可以在相关在职培训之前和之后用这个评价系统对该机构的某一个或多个领域的质量进行评估，以此来评价员工发展方案的实效性。

信息和宣传

由于婴儿-学步儿教育机构质量评价系统的语言通俗易懂，例子描述详细，因此它可以向各类群体和机构解释基于研究的实践。这个评价系统的潜在受众群体包括管理者和决策者，特别是那些刚进入早期教育领域、需要了解高质量机构要素的人。后勤人员也可以通过了解这项工具来更好地理解照护者和教师团队的行动与请求。在工作人员与家长分享机构实践、帮助他们建立类似的环境和家庭互动模式方面，高瞻教育机构质量评价系统也是一个有效的工具。高瞻教育机构质量评价系统的结果可以很容易地向研究者传播，这个工具也很容易获得，这使得其他人能够进行复制，并可以继续延伸和传递有效机构实践中获得的经验。

在开端计划中使用

对于评价中心式的早期开端机构的质量、确定这些机构的工作人员需要哪些培训而言，婴儿-学步儿教育机构质量评价系统是一个非常好的工具。早期开端计划致力于在早期教育和家庭服务机构的“最佳实践”方面成为国家典范。婴儿-学步儿教育机构质量评价系统也是如此，它反映了婴幼儿教育领域关于最佳实践的普遍共识。事实上，正如随后在本操作手册中描述的一样，早期开端计划和开端计划项目实施标准（US Department of Health and Human Services, Administration for Children, Youth and Families, Head Start Bureau, 2004, April）是开发这个工具的主要参考。因此，婴儿-学步儿教育机构质量评价系统与开端计划项目的目标和执行策略是高度一致的。

正如开端计划一样，婴儿-学步儿教育机构质量评价系统全面聚焦于婴幼儿的学习经验、家长参与和家庭服务、工作人员发展以及机构整体管理。无论是由内部评价者进行操作，还是由训练有素的外部评价者进行操作，教育机构质量评价系统都可以帮助早期开端计划和开端计划鉴定并实现所有领域的最佳质量水平。当开端计划项目在进行必要的自我评价、准备项目实地检查、制订工作人员培训和项目发展计划、整体监控和提升服务质量时，教育机构质量评价系统可为其提供有价值的数据。此外，由于教育机构质量评价系统评价质量的方式为5点等级计分，它采用可测量的术语清楚地定义了低、中、高质量水平应具备的条件和实践样态，这使得开端计划项目可以评价机构当前的现状，同时随时记录它们的进步。

为了实现教育机构质量评价系统对开端计划项目的最大效用，高瞻将婴儿-学步儿教育机构质量评价系统和开端计划实施标准（Head Start Performance Standards，HSPS）联合在一起。许多教育机构的质量评价系统条目不止强调一个标准。这个联合版本可以在高瞻网站（HighScope. org）上获取。

婴儿-学步儿教育机构质量评价系统的格式

如前所述，婴儿-学步儿教育机构质量评价系统的表 A 主要测量机构质量的四个领域。表 A 集中于班级层面的条目，评价者主要通过观察教师、婴幼儿和照护环境来完成，只有第 IV 部分是需要通过访谈来进行的。表 B 涵盖机构层面的三个领域，主要通过访谈以及对机构的补充观察来完成。在以上七个领域中，每个领域都有 4—10 个条目，每个条目进一步划分为 2—12 行指标，每行包含了分别带有描述语和例子的三个质量水平（水平 1、3、5）。

在每行指标的右边都留有空白，用来记录支持性的证据/逸事。部分行还包括了一些提问内容，方便评价者在无法直接观察到必要内容时进一步采集资料。在每页纸的右边有一个单独的框用来对机构进行计分，或在必要的信息没有被观察到或报告时进行备注。

在对婴儿班和学步儿班进行观察时，婴幼儿的年龄范围决定了各个条目中哪一个指标是可用的。一些指标是针对特定年龄组使用的，如婴儿、学步儿、稍大的学步儿和混龄组。例如，关于婴儿睡眠床的指标只适用于婴儿，因为学步儿一般躺在垫子上或小床上睡觉。（关于更多年龄上的定义和对“不适用”选项的说明，请参见婴儿-学步儿教育机构质量评价系统表 A 第 9 页或本手册中“完成特定条目的附加说明”部分。）

除了条目和指标外，为了在实际日程旁记录张贴的或公布的流程，同时画下室内外的空间图，评价表也留出了额外的空白部分。在每个工具的最后，还有一个得分汇总表，用来记录观察的总分和平均分。

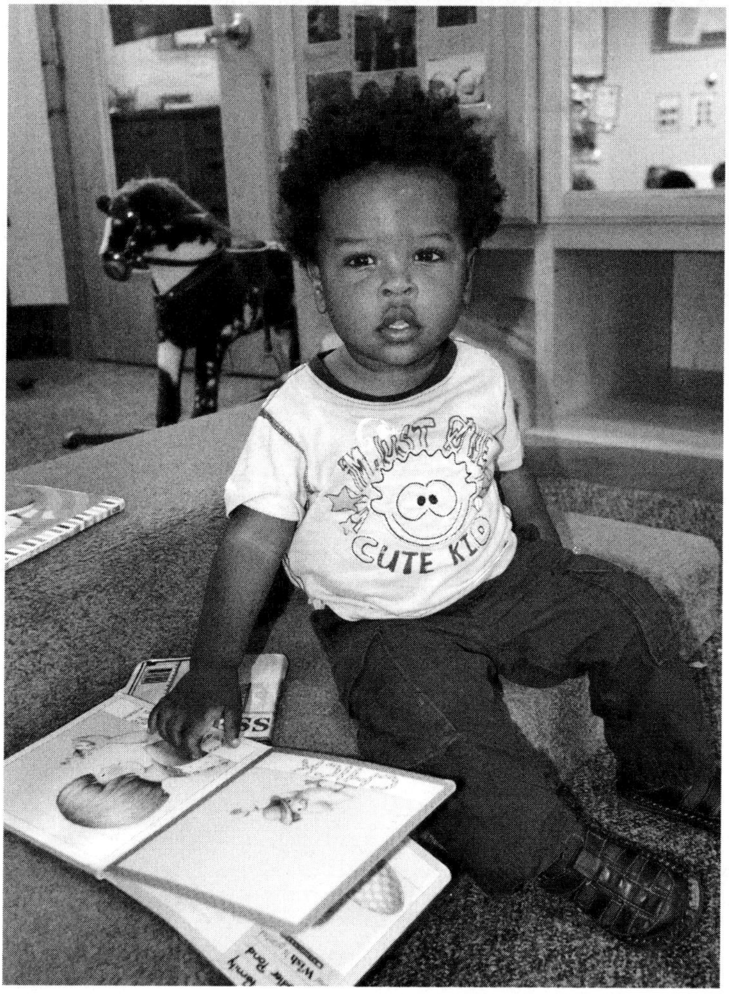
CUTE KID

如何使用婴儿-学步儿教育机构质量评价系统

实施观察和访谈

评价者

婴儿-学步儿教育机构质量评价系统可以由接受过培训的个体评价者来完成，例如研究者、机构评估人员、外部咨询师或机构管理者；也可供机构工作人员当作自我评价工具来使用，例如机构负责人、监管者、早期教育专家、课程协调员、个体照护者、教师团队或家长群体。学生也可以使用教育机构质量评价系统，与他们的指导者讨论使用结果，并将此作为即将成为婴儿-学步儿教师和照护者的他们的培训内容的一部分。

流程

不管评价者来自机构的内部还是外部，都应该进行全面的机构观察和回顾。如果是全日制的机构，建议评价者对表 A 涉及的一日流程的每个部分至少观察一次，以便获得所发生事件的证据，同时呈现照护者的连贯行为。如果是半日制的机构，建议评价者观察整个半天。如果在中心或机构里有不止一个班级需要接受评价，评价者应该在指定时间内参观每一个班级，以便针对一日流程的每个部分都搜集到足够的证据来完成观察部分（I、II、III），以及第 IV 部分（见表 A）对主班教师或照护者的访谈。在中心或机构里，如果相同的信息可以应用到所有班级，那么第 V、VI 和 VII 部分（见表 B）中对管理者以及其他具备专业知识的工作人员的访谈只需要做一次即可。

婴儿−学步儿教育机构质量评价系统作为独立的或自我评价工具的使用

表 A 和表 B 都可作为独立的评价工具或自我评价工具来使用，下面是具体的使用步骤。

独立评价

对于表 A 而言，“独立”意味着由除了班级中的教师和照护者之外的人实施评价。例如，外部咨询人员、研究人员、机构评价者、教师监管者或机构负责人。对于表 B 而言，当评价被认为是“独立的”时，则是由机构外部人员通过访谈机构负责人（或最适合回答某个特定问题的工作人员）来完成。就信度和效度而言，独立评价者很可能打出最精确的得分。

独立评价者在采集支持性的证据以及使用描述语来为观察和访谈条目计分时，都会遵循标准化的指示。

自我评价

正如前文所述，教师作为自我评价者可以使用表 A 评价自己的班级。与实施观察不同，教师通过一起浏览条目、讨论通常的做法来采集信息，然后依据给出的指示来对每个条目进行计分。机构负责人可以利用表 B 进行自我评价，基于自己的直接认知完成机构评价，或通过提问其他工作人员进行补充填答，然后遵照用于解释指标的具体指示来完成计分。自我评价的目的是帮助教师或机构负责人了解自身的优势以及各自的班级或机构整体上需要改进的地方。

完成婴儿−学步儿教育机构质量评价系统的步骤

评价者应该完成婴儿−学步儿教育机构质量评价系统每个条目下的每一行指标，除了那些超出所观察班级年龄范围的指标。例如，一些指标明确表示只针对婴儿、学步儿或混龄班。“不适用”勾选框仅在针对特定行的“支持性证据/逸事”这一栏（或网络版本的最左侧一栏）中会出现。如果某一指标行中没有出现“不适用”勾选框，则所有的评价者都应该对该行进行打分。

每个指标行和每个条目打分依据的是观察或访谈，第 I—III 部分（见表 A）主要通过观察完成，第 IV 部分（见表 A）和第 V—VII 部分（见表 B）则是通过访谈完成的。计分步骤在表 A 和表 B 的开头也会有详细的介绍，具体包括如下三个主要步骤。

步骤 1　视情况进行观察和（或）访谈，在每一行的空格中记录支持性证据

证据：应该包括什么。你所看到、听到和记录下的都将成为你在步骤 3 中选择总体质量等级的依据。在每行末尾“支持性证据/逸事”空格栏中记下观察或访谈结果。对于表 A，你还应该在书中提供的特定纸张上记录一日流程、画出班级图或户外场地图。要完成表 A 的第 I—III 部分，大多证据都要通过直接观察获得，但有时你需要去询问机构工作人员（例如，照护者、早期教育专家或机构负责人）来了解额外的信息，以补充你的观察。根据需要，你可以使用少数出现在表 A、多数出现在表 B 的指标行中最右栏的提问来从工作人员处获取信息。对于表 B（以及表 A 的第 IV 部分），有时你需要通过直接观察来补充访谈获取的信息。

指标等级的支持性证据可能包括以下任何一项，你可以根据不同条目的需要进行选择。

- 逸事：（使用非主观性语言的）简短笔记，包括婴幼儿和（或）工作人员的实际行为和（或）交流内容。
- 语录：婴幼儿和（或）照护者实际说的话。
- 材料清单。
- 班级、空间、区域和（或）户外游戏场地图；草图和符号。
- 日常活动和一日常规的顺序。
- 关于提问（参见相关条目中的具体问题）的回答。

记录证据的提示。证据采集是这三个步骤中最为重要的，因为它决定了每一行的评价，并影响到所有的评分。记录完整、充分的信息是至关重要的，这样你就可以正确地评价每一行指标，进而对条目进行计分。在描述你从婴幼儿和成人那里看到和听到的信息时，要保持客观，避免使用主观的话语（例如：

好、漂亮、乱的、有目的的、故意的），或仅仅重复水平 1、3、5 中给出的一般性描述（请见第 14-15 页图表中举例说明的无效和有效证据的记录方式）。

注意那些在指标行中提到“全天”的条目，这意味着所记录的证据需要呈现当天每一个环节的案例。这也往往决定了该指标行应该被评为水平 3 还是水平 5。例如，如果某一行写到“婴幼儿全天都能在身体护理常规中主动参与和做出选择”，那么记录的证据必须显示全天发生的情况，而不仅仅是当天的某几个环节。

请记住，教师和机构中的其他工作人员需要同时在他们的优势领域以及需要改进的方面得到详细的反馈。如果证据是模糊的（例如，只有一两个词或仅仅是重复给定的描述语），则会缺少计分的合理性支持。为了帮助教师或管理者改善他们所提供服务的质量，记录的证据必须有足够的细节能够显示在班级或机构中实际发生的情况。有计分，但是没有证据，或没有足够证据的机构质量评价，都是无效的。

有实例和（或）符号的条目。对每个条目而言，大多数指标行所给出的例子都有助于定义描述语，并帮助你在班级中采集证据。注意那些脱离了描述语、用短横杠列出的例子。它们说明了你可以在婴儿班和学步儿班观察到的一些可能的情况和条件。对于水平 5，你不必非要看每一个列出的例子，但是你应该知道绝大部分的例子代表着什么。如果列举了五个例子，你只看到一个或两个相似的事件或情况，那么这些证据就不能支持水平 5。

一些指标行用圆点符号来列举例子（例如，表 A 的 I-C 条目，第 3 行）。这些圆点项被视为主要描述语的一部分。因此，你需要从所观察的班级中采集支持每一个圆点项的证据。相比之下，用短横杠列出来的例子是你在评价过程中可能看到的情况，能够起到辅助作用，但你并不一定要观察到所有对应的例子。

步骤 2　阅读每一行指标，每行勾选一个空白框

一旦搜集到某一条目的支持性证据，请阅读该条目后面的指标行。基于步骤 1 采集到的证据，请你在每个指标行的一个且仅一个空白框内打钩（1、3、5）。完成每个条目对应的每一行——完成一个条目可能需要参考另一行或另一个条目的证据（例如：“见第 1 行”或“见条目 I-D，第 4 行和第 5

行”）。为了获得其他信息，可视情况需要来询问教师和（或）机构工作人员以补充你的观察。如果某一行不适用（例如，对于只有婴儿的班级而言，学步儿的指标行就不适用），请在“支持性证据/逸事”一栏（或网络版本的最左侧一栏）中勾选“不适用”选框。

步骤3 决定质量水平，在表格顶部圈出相应的水平：1、2、3、4、5

如果你没有使用网络版本，那么在对每一行打分后，则无法自动计算出条目得分，需要依据下面的标准来决定条目的质量水平。

- **对于有三行或更多行表格的条目：**

水平1：一半及以上的水平1框被勾选（不管水平3或水平5框是否可能也被勾选）。

水平2：少于一半的水平1框被勾选，同时部分水平3和（或）水平5框也被勾选。

水平3：一半及以上的水平3框被勾选，没有水平1框被勾选。

水平4：少于一半的水平3框被勾选，其余的框都被勾选为水平5。

水平5：所有的水平5框都被勾选，没有任何水平1或水平3框被勾选。

- **对于有两行表格的条目：**

水平1：两个水平1框都被勾选。

水平2：一个水平1框被勾选，同时另一个框被勾选为水平3或水平5。

水平3：两个水平3框都被勾选。

水平4：一个框被勾选为水平3，另一个框被勾选为水平5。

水平5：两个水平5框都被勾选。

如果某行标记了“不适用”、无法被观察到或无法通过访谈确认，则根据该条目已完成的行数来计算质量水平。当且仅当某条目一行都完成不了的情况下，勾选表格上方的“未被观察或未报告到”，然后在教育机构质量评价系统汇总表的表格末尾填上“未被观察或未报告到”。

无效记录证据的例子

（条目 II-D，第 1 行，身体护理常规中允许婴幼儿进行选择。）

	水平 1 指标	水平 3 指标	水平 5 指标	支持性证据/逸事
第 1 行	□在身体护理常规中，婴幼儿不主动参与或做出选择。	□在身体护理常规中，婴幼儿有时主动参与或做出选择。 **示例：** - 午餐后，婴幼儿没有权利选择换尿布/去卫生间，因为照护者想让婴幼儿午睡。 - 到了换尿布时间，萨马尔想拿着娃娃，但照护者说她需要把娃娃放在架子上。 - 一名婴幼儿不想去卫生间，但照护者坚持让她去。	□婴幼儿全天都能在身体护理常规中主动参与和做出选择。 **示例：** - 在换尿布时间，婴幼儿可以选择拿一块干净的尿布、袜子或毛巾；和照护者玩躲猫猫；照照镜子中的自己；走到或被抱到尿布台处；和照护者一起唱歌。 - 刚学会使用马桶的学步儿可以选择坐在便盆还是马桶上。	1. 老师很严苛，不让婴幼儿带玩具去洗手间。 或者： 2. 玩手套；换尿布；拿书。 或者： 3. 婴幼儿全天都可以做选择。

有效记录证据的例子

	水平 1 指标	水平 3 指标	水平 5 指标	支持性证据/逸事
第 1 行	□在身体护理常规中，婴幼儿不主动参与或做出选择。	□在身体护理常规中，婴幼儿有时主动参与或做出选择。 **示例：** – 午餐后，婴幼儿没有权利选择换尿布/去卫生间，因为照护者想让婴幼儿午睡。 – 到了换尿布时间，萨马尔想拿着娃娃，但照护者说她需要把娃娃放在架子上。 – 一名婴幼儿不想去卫生间，但照护者坚持让她去。	□婴幼儿全天都能在身体护理常规中主动参与和做出选择。 **示例：** – 在换尿布时间，婴幼儿可以选择拿一块干净的尿布、袜子或毛巾；和照护者玩躲猫猫；照照镜子中的自己；走到或被抱到尿布台处；和照护者一起唱歌。 – 刚学会使用马桶的学步儿可以选择坐在便盆还是马桶上。	1. 在选择时间—T：“巴尔塔扎（Baltazar），你想从架子上拿一条拉拉裤下来吗？” B 走到架子旁，拿了条拉拉裤，然后走进洗手间。 2. 在户外时间，梁（Liang）需要换尿布。 T：“梁，你想跑还是大步迈进门？” L：“跑。” 3. 在午睡时间— T：“杰里米（Jeremy），下一个就轮到你换尿布了。你想带上你喜爱的东西吗？”轮到他的时候，杰里米把毯子带到了尿布台上。

完成婴儿-学步儿教育机构质量评价系统汇总表

在每张婴儿-学步儿教育机构质量评价系统表格的最后，都有一张汇总表。表A和它的汇总表包括班级层面的条目（第I部分到第IV部分），表B和它的汇总表包括机构层面的条目（第V部分到第VII部分）。评价者将评分表中每个条目的得分（1、2、3、4、5）转换成汇总表中相应条目的得分，如果某个条目没有被评价，那么就将其标为“不适用”。在汇总表的最后，评价者标出未计分的条目数量，然后从条目总数（25个班级层面的条目或24个机构层面的条目）中减去，以便计算实际完成评价的条目数量。本工具可以从总体上计算出教育机构质量评价系统的总分以及平均分，也可以分别计算表A、表B或七个领域每部分的总分和平均分。教育机构质量评价系统可以通过手动计算，也可使用网络版本输入数据进行分析，又或者可以使用合适的统计手段来制作数据分析表。

完成特定条目的附加说明

这一部分主要是帮助你理解表A班级条目中特定条目的意义。在这一部分，我们会具体说明某些新近加入进来的质量定义条目，并将解释为什么把它们加到教育机构质量评价系统工具中来。这一部分首先从对工具适用年龄的定义开始，因为它们与带有“不适用”选项的指标行有关。紧接着，是针对特定条目的说明，将围绕表A的四个部分展开。

对带有“不适用”选项的指标行的说明

在先前的婴儿-学步儿教育机构质量评价系统版本中，数据采集人员发现将婴儿班和学步儿班区分开是很困难的，因为很多班级都是混龄班。为了厘清这一点，新版本的教育机构质量评价系统加入了对年龄进行定义的表格（该表格在本书的下文，以及表A的第9页可见）。这份表格可以使评价者依据班级的特定年龄范围更加精确地完成教育机构质量评价系统的指标评价，例如，只适用于婴儿班的、只适用于学步儿班的以及适用于混龄班的。如果使用者观察某个班级后发现没有一名婴幼儿在规定年龄范围内的话，他们可以将这些行标记为“不适用”。

只有在某个指标行带有“不适用”选项时，评价者才能标记它。除非指标中给出了更具体的年龄范围，否则均按年龄组别表中的一般定义进行处理。除非另有说明，否则其他所有指标都应完成，并附上证据和评分勾选标记。

特别说明：第 I 部分　学习环境

条目 I–C. **区域中有游戏和运动器材**。

- **第 2 行**。这个描述语要求呈现有柔软空间的证据，即为不能行动的婴儿、爬行的婴儿和学步儿准备了空间，以便他们可以自己活动，或和教师游戏。要想达到水平 5，要像例子中所描述的那样，必须看到班级内随处有可供婴幼儿和教师活动的空间。不要把这个指标行和条目 I–D 的第 5 行，即班级内有可供婴幼儿游戏的柔软材料弄混。
- **第 4 行**。这个描述语要求室内有允许攀爬的设施和器材，从而在被观察的班级中获取可以行动的婴幼儿攀爬的证据。这些器材需要为婴幼儿全天的运动技能发展提供挑战。当有攀爬设施时，婴幼儿的暴力冲突也会减少。如果班级空间太小，以至无法进行大肌肉运动游戏，可以创设一间专门的大肌肉运动室，但是这间运动室必须能够供婴幼儿每日使用。要想达到水平 5，在班级里必须有某种形式的攀爬设施或器材，或者有一个可供婴幼儿每日活动的大肌肉运动室。

婴儿–学步儿年龄范围

在填写带有“不适用”选项的指标行时，可使用此表来决定适用的年龄组。只有在某行明确带有“不适用”选项的情况下才能标记它。除非指标行中给出了更具体的年龄范围，否则均按此表中的一般定义进行处理。除非另有说明，否则其他所有行都应完成，并附上依据和评分勾选标记。

婴幼儿的年龄定义	带有“不适用”勾选框的对应内容
婴儿——0—6个月大的婴幼儿，通常还不能独立坐起来。	0—6个月婴儿的班级称为婴儿班。完成专属这一年龄段婴儿的指定行。如果观察的班级中没有这一年龄段的婴幼儿，请在这行的“不适用”框里打钩。
稍大的婴儿——6—12个月大的婴幼儿，通常可以独立坐起来，并处在爬行阶段。	6—12个月婴儿的班级也称为婴儿班。完成专属这一年龄段婴儿和稍大婴儿的指定行。如果观察的班级中没有这一年龄段的婴幼儿，请在这行的“不适用”框里打钩。 如果观察的班级中有0—12个月的婴幼儿，该班级仍被视为婴儿班，应完成婴儿和稍大婴儿的指定行。
稍小的学步儿——12—24个月大的婴幼儿，通常正在学步并可以独立行走。	12—24个月学步儿的班级称为学步儿班。完成专属这一年龄段学步儿的指定行。如果观察的班级中没有这一年龄段的婴幼儿，请在这行的“不适用”框里打钩。
稍大的学步儿——24—36个月大的婴幼儿，通常能够熟练行走。	24—36个月学步儿的班级称为学步儿班。完成专属这一年龄段学步儿的指定行。如果观察的班级中没有这一年龄段的婴幼儿，请在这行的“不适用”框里打钩。
混龄组——0—36个月大的婴幼儿。	同时包括上述定义的婴儿和学步儿的班级称为混龄班（例如，有6—18个月或10—24个月婴幼儿的班级），应完成婴儿、混龄组婴幼儿和学步儿的指定行。

- **第 5 行**。这个指标用来评价班级中针对不同类型游戏计划的有组织的空间。对于学步儿班和混龄班来说，游戏区域的定义是不同的。在学步儿班中，基础性游戏区域应该和幼儿园中的班级相似（一般包括娃娃家、积木区、沙水区、艺术区、玩具区和图书区）。在学步儿班，这些区域一般靠墙放置，中间的区域用来放置练习大肌肉运动的器材和设施（例如，攀爬架、摇摇船、台阶和乙烯基塑料攀爬垫）。这些器材应定期更换，并在中间区域以外的空间循环使用，以便随着婴幼儿运动技能的进步为其提供适宜的挑战。只有在一种情况下例外，那就是在这个班级内有足够的空间来进行大肌肉运动，或在室内有可供学步儿每日使用的大肌肉运动室。

在混龄班（同时服务于婴儿和学步儿）中，也可以提供给学步儿同样的基础性游戏区域，只要有足够的空间来照护婴儿即可。如同在学步儿班中一样，基础性游戏区域应该靠墙放置，中间的区域用来放置大肌肉运动器材，并随着婴幼儿的发展进行更换。然而，如果没有足够的空间作为学步儿的游戏区域，一些区域就需要合并（积木区和玩具区、积木区和娃娃家、玩具区和图书区、有长沙发的娃娃家和图书区，或艺术区和沙水区合并）。无论如何，对于班级里稍大的婴幼儿来说，区域和材料需要具有挑战性或能够增加挑战性。

条目 I-D. 婴儿和学步儿都能够获取丰富的感知觉探索材料。

总的来说，这个条目要求班级内可用的材料对该年龄段的婴幼儿应该是具有挑战性的，而且在一整年中，挑战要随着婴幼儿年龄的增长而增加。因此，正如这个条目水平 5 的指标所示，班级中应该配备能够促进婴儿和学步儿感知觉运动能力发展的材料。

- **第 8 行**。这项指标要求音乐只能用于特定目的，不应该在选择时间或是在全天内播放背景音乐。当前有关脑和执行功能发展的研究显示，背景音乐会分散婴幼儿的注意力以及思维技能的使用。在这个指标行的定义中，音乐可以在集体活动、过渡环节和午睡时间适当地使用。此外，应注意在混龄班中，当稍大的婴幼儿在游戏时，婴儿可能在睡觉。因此，应该为熟睡的婴幼儿播放轻柔的音乐，但不能声音太大而影响到正在游戏的婴幼儿。

特别说明：第 II 部分 一日流程和常规

条目 II–A. **一日流程是可预测且灵活的**。

- **第 5 行**。这一行若想达到水平 5，要求婴儿一天内睡醒状态下坐着或是在婴儿床里待着不动的时间不能超过 75 分钟。在婴儿醒着且不是在吃饭、喂奶或换尿布时，他们应该在地板上用自己的全身进行探索。吃完饭后，婴儿可以在座位上待一会儿来消化食物，但是接下来如果不睡觉的话，他们应该被放下地。当照护者需要暂时离开房间，并且婴儿需要待在远离稍大婴幼儿的安全位置时，这种坐着的方式也是可以接受的。在所有其他时间，婴儿应该在地板上探索材料，并与照护者和（或）其他婴幼儿进行互动。

条目 II–C. **选择时间（游戏时间、睡醒时间）集中用于婴幼儿发起的探索和游戏**。

- **第 3 行**。当前有关脑发育和执行功能的研究显示，计划和回顾可以促进婴幼儿工作记忆和认知灵活性的发展。这个指标行帮助教育机构质量评价系统的使用者识别能支持这些能力发展的经验。

对学步儿班而言，在学年初或是婴幼儿已经准备好的时候（大约 2 岁），教师和照护者可以向学步儿介绍在一天内进行计划和回顾的简单方法。成人可以用一种非常具体的方式与学步儿谈论他们想去哪里玩，以及想做什么（例如，鼓励婴幼儿通过指着玩具、做出动作、去拿一些东西、透过一个管子去看他们感兴趣的游戏区域、用手电筒照他们想玩的东西，来表明他们的意愿）。当一名婴幼儿完成一个活动后想做别的事情时，成人可以进行评论，或者用开放式问题询问婴幼儿在开始另一项活动之前他或她做了什么。

在学年后期，当学步儿具备了心理表象的记忆容量和能力、对计划和回顾更加熟练时，教师可以在一日流程中增加固定的计划时间和回顾时间。在混龄班，教师可以用同样的方式向学步儿介绍计划和回顾；如果稍小的婴幼儿想要参加，他们可以依据自身的发展水平和步调来参与计划，进行回顾。

条目 II–F. 用餐时间以婴幼儿为中心，从容不迫。

- **第 8 行**。这一行关注婴幼儿参与餐前准备和餐后清理的机会。当稍小的婴儿和学步儿开始表现出独立性时，他们会更希望在用餐时间自己可以做更多事。通过鼓励这种行为，照护者能够支持他们发展自我服务技能和学习品质。照护者应该允许表现出兴趣的学步儿自己进行餐前准备，协助进行餐后清理。学步儿可以参与的方式有很多。即使是稍小的学步儿也可以拿出杯子或将勺子放到盥洗槽中。这一指标行需要寻找照护者允许学步儿在用餐前、用餐时和用餐后自己做事的证据。

条目 II–G. 可以行动的婴儿和学步儿的集体活动时间是灵活的、动态的，关注婴幼儿的行为、想法和兴趣。

集体活动是指有材料的小组活动（针对主要照护组）或大组音乐和律动活动（针对全体照护组，可能包括婴儿）。集体活动一般被认为是有计划的，但有时也是自发的。例如，一位教师可以与一名或两名婴幼儿游戏，更多的婴幼儿也可以参与其中。然后这个活动就变成了小组活动，或者也可能变成一个大组活动。然而，大多数集体活动时间是为可以行动的婴儿和学步儿提前计划好的，是他们一日常规的一部分。

在这些活动中，成人为主要照护组中的婴幼儿提供材料，或带领全组婴幼儿进行音乐和律动活动。在混龄班中，有时由于稍小的婴幼儿有紧急需求，计划好的集体活动可能无法正常进行。但是当这种情况发生时，教师应该在当天另寻时间组织这个集体活动，来弥补这一经验的缺失。对于上述两种类型的集体活动，婴儿和学步儿都可以依据自身的发展水平和步调选择加入和退出。每个主要照护组都应该遵循婴幼儿的兴趣、优势和需要来设计小组活动。如果班级中有两个主要照护组，他们应该使用不同的材料，以便于婴幼儿根据自己的真实意愿来选择活动。当孩子成长为稍大的学步儿时，他们倾向于与材料和经验进行更多的接触，这时照护者将会看到小组之间的移动变少了。这也意味着，吸引婴幼儿加入集体活动最重要的方式是设计一个能够刺激其经验的活动。

- **第2行**。在小组和（或）大组活动时间，确保为每个圆点项提供观察证据。

特别说明：第Ⅲ部分 成人-婴幼儿互动

条目 III-A. 婴幼儿与照护者之间的关系是长期的。

对于婴儿和学步儿照护者而言，与婴幼儿建立紧密的依恋关系是其首要工作。小班规模、主要照护者和持续性照护是培养婴幼儿依恋的三种方式。这个条目聚焦于将后两个措施付诸行动（班级规模的大小在这个条目中不作讨论，因为它包括在表B部分；班级规模的大小被认为是机构层面的问题，因为它主要由机构负责人控制）。

主要照护者是指对四名及以下婴幼儿所在的主要照护小组负有最主要责任的那一名照护者。他或她全天照护婴幼儿的身体和情感需要，与家长交流并制订婴幼儿发展计划。这份关系不是独有的，依据需要，主要照护小组中的婴幼儿也可以从主要负责照护其他小组的照护者那里获得支持，反之亦然。因此，主要照护者主要照护自己负责的小组，同时也承担全体婴幼儿的照护责任。

- **第2行**。这一行的描述语要求寻找婴儿和学步儿是如何被分配给主要照护者的证据。每名婴幼儿和每位照护者都有独一无二的个人气质，只有当照护者的气质和婴幼儿契合时，主要照护者的工作才能发挥出最大功效。允许新来的婴幼儿有一定时间去适应特定的照护者，有助于决定这个分配是否起作用以及作用能否长久。有时，在婴幼儿从一个班级升班和（或）有新的婴幼儿加入时，照护者在支持婴幼儿的偏好上可能会面临困难。例如，假设一名新来的婴幼儿进入班级，代替了离开班级的婴幼儿的位置，但是两个照护者中只有一个空位。在这种情况下，照护者必须寻找一种方法去回应新来婴幼儿的偏好，该行才能被评为水平5。例如，如果新来的婴幼儿偏爱某位照护者，而这位照护者的主要照护小组里没有空位，同时这位照护者的气质与这名婴幼儿又能很好地契合的话，那么应该将该名婴幼儿分配给这位他或她喜欢的照护者，然后将与两位照护者都已经建立了亲密关系的一名婴幼儿转移给另一位照护者。

- **第3行**。在这一行要想达到水平5，婴幼儿需要和主要照护者保持关系，整个照护组应该从婴幼儿进入机构开始，一直陪伴他们直到上幼儿园，这叫作照护的持续性，可以通过两种方式发生：（1）当婴幼儿长大时，婴幼儿和教师一起转移到为稍大的婴幼儿准备的新班级；（2）婴幼儿和教师一直待在一个班级，班级内的材料和设施随着婴幼儿年龄的增长和发展定期更换。如果婴幼儿随着年龄增长而转移到下一个班级，但是有了新的照护者和照护组，只能记为水平1或3，具体取决于婴幼儿和主要照护者及照护组保持关系的时长。

条目III–F. 稍大的婴儿和学步儿参与冲突解决。

解决婴幼儿之间的情感冲突总是很困难。这个年龄段的婴幼儿正在发展的一种执行功能是抑制控制，这是自我调节的一个方面。此教育机构质量评价系统条目着眼于促进这项能力发展的过程。

当冲突发生时，帮助婴幼儿解决问题、提醒他们注意自己的行为都只是暂时的办法，并不能真正帮助婴幼儿学习自我调节或问题解决技能。在多数情况下，教师干预的重点是婴幼儿打人、咬人、发脾气等，而非冲突背后的问题。这个条目的指标行主要是识别在面临冲突时，教师可以用来帮助稍大的婴儿进行自我调节、帮助学步儿形成协调和解决问题技能的策略。前两行适用于稍大的婴儿和学步儿，后两行适用于18—36个月的学步儿。这个条目水平5的指标行识别了解决冲突的六个步骤或策略，这在高瞻课程材料中有更为充分的描述（Post，Hohmann，& Epstein，

2011；Epstein & Hohmann，2012）[①]。

- **第1行和第2行**。冷静地接近并认可婴幼儿的感受（第1步和第2步）是教师和照护者用来帮助所有年龄段婴幼儿解决冲突的策略，特别是认可感受这一步。上述两个步骤或策略是前两行的基础。
- **第3行和第4行**。这几行适用于18—36个月的学步儿，涵盖其他四个步骤或策略：收集信息、重述问题、找到并选择解决方案、给予后续支持。第3行的水平5指标描述了照护者如何和婴幼儿共同识别冲突内容，以及如何与每个参与冲突的人进行交流。照护者需要捕捉学步儿提供的线索，和他们谈话，以便帮助尚无语言能力或语言技能有限的学步儿交流问题。然后照护者需要重新叙述问题，以便让所有参与的婴幼儿知道问题是什么。接着，如第4行水平5指标所描述的那样，讨论解决方案。照护者询问学步儿解决问题的想法，暂时停下来给婴幼儿足够的时间去思考自己的答案。如果婴幼儿不能提出解决方案，照护者可以提供一些想法让婴幼儿从中选择（照护者清晰地阐述来自他或她的想法，但是由婴幼儿们一起选择解决方案）。照护者结束这个过程后要持续跟进，并根据需要给予后续帮助。

通过允许学步儿参与冲突解决，教师帮助他们学习到了关键的问题解决技能（例如，注意、协商、做决定、冲动控制）以及自我调节技能。

特别说明：第Ⅳ部分　课程计划和婴幼儿观察

条目Ⅳ-A. 照护者用综合课程模式来指导自身的婴儿和学步儿照护实践。

- **第2行**。这一行要达到水平5的得分，教师必须频繁地求助于他们的课程资源（课程手册、教师

① 关于该如何具体地帮助婴幼儿学会解决冲突，请参考高瞻教育研究基金会研究人员撰写的《你不能参加我的生日聚会——学前儿童的冲突解决》一书，该书第2版有几个章节重点讲述怎样帮助婴幼儿学习自己解决冲突。——编辑注

指导、DVD 等），来帮助他们在班级里做决定和解决问题。教师应当使用课程内容（关于如何支持关键发展领域学习的信息，例如大肌肉运动技能或语言）去指导他们与婴儿和学步儿的工作，同时设计婴幼儿的发展计划。如果教师不能明确地说出课程手册的名称，或不能举例说明在班级中课程是如何帮助他们的，这就明显证明，他们没有在使用课程去指导自身的教学。

PQA

婴儿-学步儿教育机构质量评价系统的心理测量特性

婴儿-学步儿教育机构质量评价系统的开发

如前所述，婴儿-学步儿教育机构质量评价系统（PQA）（Hohmann, Lockhart, & Montie, 2013; Epstein et al., 2013）自从1999年就开始以多种形式流传，这些年来，许多婴儿和学步儿教育机构已经使用这个工具来评价婴幼儿的照护质量，同时用来记录高瞻婴儿-学步儿课程的实施情况。

婴儿-学步儿教育机构质量评价系统的开发涉及很多资源。描述语中的内容是以早期保育和教育领域的最佳实践，以及支持婴儿和学步儿以发展适宜的方式成长的相关研究和理论为基础的。高瞻婴儿-学步儿课程手册的第1版和第2版——《高瞻0—3岁儿童课程——支持婴儿与学步儿的成长和学习》[①]（*Tender Care and Early Learning: Supporting Infants and Toddlers in Child Care Settings*）（Post & Hohmann, 2000; Post, Hohmann, & Epstein, 2011）是本书主要的信息资源。在工具开发中，高瞻学前教育机构质量评价系统（PQA）（HighScope Educational Research Foundation, 2003a, 2003b）也被参考过。而且，来自婴儿-学步儿和早期教育专业组织的关于最佳实践的资源也对本

① 该书中文版已由教育科学出版社出版、发行。——编辑注

系统的开发进程有所贡献，例如“零到三岁”协会、婴儿教育者资源中心（Resources for Infant Educarers，RIE）、婴幼儿照护项目（The Program for Infant/Toddler Care，PITC）、全美幼教协会（NAEYC）、早期开端计划（Early Head Start）和密歇根早期教育项目（Early On Michigan）。以下工具和文件是改进婴儿-学步儿教育机构质量评价系统的一些特定参考：婴儿/学步儿环境评价量表（修订版）（the Infant/Toddler Environment Rating Scale-Revised Edition）（Harms，Cryer，& Clifford，2006）；开端计划和早期开端计划执行标准（Head Start and Early Head Start Performance Standards）（US Department of Health and Human Services，Administration for Children，Youth，and Families，Head Start Bureau，2004，April）；《0—3 岁婴幼儿早期学习指南：给各州的建议》（*Zero to Three Early Learning Guidelines for Infants and Toddlers：Recommendations for States*）（Petersen，Jones，& McGinley，2008）；州婴幼儿指导方针，尤其是《密歇根州婴幼儿早期教育机构质量标准》（Michigan's Early Childhood Standards of Quality for Infant and Toddler Programs）（Michigan State Board of Education，2006）；全美幼教协会的《从出生到8 岁早期教育机构中的发展适宜性实践》（*Developmentally Appropriate Practice in Early Childhood Programs Serving Children From Birth Through Age 8*）（Copple & Bredekamp，2009）以及《全美幼教协会早期教育机构标准和认证标准》（*NAEYC Early Childhood Program Standards and Accreditation Criteria*）（NAEYC，2007）。

婴儿-学步儿教育机构质量评价系统的有效性研究

关于婴儿-学步儿教育机构质量评价系统有效性的试点研究最初于 2001 年开始实施，通过对 75 个不同婴儿和学步儿照护机构的研究来进行验证。高瞻的工作人员、高瞻领域的顾问以及接受过培训的照护者在这些机构完成了工具评价。多年来，这些领域的一些顾问仍在继续使用婴儿-学步儿教育机构质量评价系统，评价的结果被陆续加到了原先的 75 个机构数据中，现已将数据样本增至 96 个。试点研究以及随后额外采集数据的描述统计、因素分析结果被用来将工具修订为实地测试版本（Hohmann，Lockhart，& Montie，2011）。

在最初的试点研究中，高瞻早期教育和研究人员通过在不同的婴儿和学步儿机构中以两人一组的方式进行双重观察，对工具的信度进行了检验。观察结果合并到了第一轮的试点测试中，与上述额外增加的数据一同被用于将工具修订为实地测试版本。

最后一轮测试从 2011 年 4 月开始，到 2012 年 2 月结束，这一轮旨在验证婴儿–学步儿教育机构质量评价系统实地测试版本的效度和信度（Hohmann，Lockhart，& Montie，2011）（仅表 A）。数据由经过培训的独立评价者采集，在实施不同项目类型（例如开端计划）和课程模式（例如高瞻课程、蒙台梭利课程、创造性课程、传统性课程）的各类营利和非营利机构的婴儿和学步儿班级中进行评价。这些机构覆盖中西部地区两个州（密歇根州和印第安纳州）。样本量具体如下：

- 40 个检验评分者信度的班级。
- 30 个检验效度的班级，使用婴儿/学步儿环境评价量表（修订版）（ITERS–R）（Harms，Cryer，& Clifford，2006）和婴儿–学步儿教育机构质量评价系统的表 A（测试版）（Hohmann，Lockhart，& Montie，2011）进行计分。
- 30 个检验重测信度的班级。

结果

得分分布情况

婴儿–学步儿教育机构质量评价系统可以用来测量婴儿和学步儿照护机构的质量，它能够对质量水平相差较大的不同机构进行评价。出于研究目的，一定数目的变量对数据分析来说是必要的。有效性研究中的得分分布情况显示，婴儿–学步儿教育机构质量评价系统通过广泛的连续测评充分地测量了质量的全部范畴。

下页的表 1 说明了婴儿–学步儿教育机构质量评价系统表 A 的得分分布（Hohmann，Lockhart，& Montie，2011）。四个子量表的平均得分显示，多种班级质量水平都被捕捉到了。四个平均得分（3.44~3.89）接近中值，这意味着，参与研究的机构总体质量处于中等水平。接着看每一部分的最大值和最小值，我们看到最小值范围为 1.50~2.35，最大值范围为 4.75~5.00。最低和最高得分都在课程计划和婴幼儿观察子量表之中。这表明，在研究中，至少有一个机构在这个领域质量较低，而另一个机构则质量较高。

内部一致性

下页的表 2 显示了婴儿-学步儿教育机构质量评价系统的表 A 中各子量表的内部一致性。内部一致性描述了同一子量表中的条目相互关联的程度，以及每个子量表是否能独特地反映出特定维度的质量水平。

数据分析样本总共包括 30 个班级。计算每个子量表的克隆巴赫阿尔法系数（Cronbach's alpha），结果表明内部一致性处于可接受水平。克隆巴赫阿尔法系数的范围从学习环境的 0.79 到课程计划和婴幼儿观察的 0.90，满足 0.70 及以上的标准。

信度

为了评价婴儿-学步儿教育机构质量评价系统表 A 的信度，对该工具四个子量表的评分者信度等级分别进行分析，由成对的评价者（N = 40 个婴儿-学步儿班级）计算表 A 四个子量表的评分者信度。每位观察者用 5 点量表独立地对每一指标行进行计分。根据计分规则产生条目的得分，通过计算条目得分的平均值产生子量表的得分。在四个子量表中，接受过培训的数据采集人员平均的精确一致性（相同分数）范围为 62%~69%，近似一致性（相同或邻近分数）为 96%~98%。

表 1　婴儿-学步儿教育机构质量评价系统表 A 的得分分布

子量表	得分分布（N=27）			
	平均值	标准差	最小值	最大值
学习环境	3.74	0.65	2.35	4.75
一日流程和常规	3.89	0.74	2.07	4.96
成人-婴幼儿互动	3.68	0.77	2.13	4.80
课程计划和婴幼儿观察	3.44	1.10	1.50	5.00
子量表总分	3.73	0.69	2.29	4.80

注意：计分范围从 1 到 5，5 为最高分

表 2　婴儿–学步儿教育机构质量评价系统表 A 的内部一致性系数

子量表	(N=30)
学习环境	0. 79
一日流程和常规	0. 86
成人–婴幼儿互动	0. 82
课程计划和婴幼儿观察	0. 90
子量表总分	0. 94

对条目的进一步分析显示，一些条目里的少部分行没有达到期望的信度，因此使整个子量表的信度水平下降。特别是数据采集人员在定义仅有婴儿与仅有学步儿班级上的差异时，会影响他们已经完成的或剩余指标行的数量。基于数据采集人员所获得的数据以及反馈，我们开发了年龄组定义表，并将其增加到工具的说明中，同时添加了更清晰的例子和列表至相应的描述语中，以便于使用者更好地定义每一指标行和每个条目。在完成表 A 的这些变动后，其中一个小组的数据采集人员再次接受了培训。每一位参与培训的人都和一位可靠的观察者配对，来观察同一个班级。他们的结果被用来评定先前有问题的条目的评分者信度，计算精确一致性。基于这些变化，四个子量表中的精确一致性分数从 10%增加到了 12%。

组内相关系数用来检验子量表层面的评分者信度。如下页的表 3 所示，所有四个子量表的评分者信度都在可接受范围内（水平接近或超过 0. 70）。在表 A 的四个子量表中，成人–婴幼儿互动的信度最低。这可能是因为这个子量表是最难观察的，信息是实时采集且基于特定事件的，其中一个或另一个观察者不一定总有机会看到或听到。（观察者在班级中可能处于不同位置上，或在不同时刻聚焦在不同的成人身上。）

重测信度

重测信度评估也是为了检验婴儿–学步儿教育机构质量评价系统表 A 的结果随着时间变化的稳定性。在评价评分者信度的 30 个试点中，完成初次观察后，观察者会在大约两周后进行重测

（平均值 = 15.9 天）。如表 4 所示，第一次和第二次的观察存在显著相关，这说明婴儿-学步儿教育机构质量评价系统工具在两个时间段具有非常稳定的结果。

表 3　婴儿-学步儿教育机构质量评价系统表 A 的评分者信度

子量表	（N=40）
学习环境	0.73
一日流程和常规	0.79
成人-婴幼儿互动	0.70
课程计划和婴幼儿观察	0.79
子量表总分	0.83

表 4　婴儿-学步儿教育机构质量评价系统表 A 的重测信度

子量表	（N=30）
学习环境	0.88***
一日流程和常规	0.86***
成人-婴幼儿互动	0.81***
课程计划和婴幼儿观察	0.80***
子量表总分	0.89***
注：* $p<.05$；** $p<.01$；*** $p<.001$	

同期效度

婴儿-学步儿教育机构质量评价系统表 A 的同期效度是用婴儿/学步儿环境评价量表（ITERS-R）（Harms, Cryer, & Clifford, 2006）测量的，该量表用于评价婴儿-学步儿教育机构的整体环境质量。下页的表 5 显示了婴儿-学步儿教育机构质量评价系统和婴儿/学步儿环境评价量表（ITERS-R）之间的同期效度。初始样本有 30 个班级，但是因为一些班级的信息缺失，最后的数据分析集中在 26 个班级。结果显示，婴儿-学步儿教育机构质量评价系统的表 A 与婴儿/学步儿环境评价量表（ITERS）呈正向的显著相关，整体系数在 0.66。通过研究在期望的领域中发现了一些显著的联系，两个工具的子量表测量到了相似的东西。例如，婴儿–学步儿教育机构质量评价系统中的成人–婴幼儿互动子量表和婴儿/学步儿环境评价量表（ITERS）中的倾听、交谈子量表相关性达到了 0.67，同时，婴儿–学步儿教育机构质量评价系统中的课程计划和婴幼儿观察子量表与婴儿/学步儿环境评价量表（ITERS）中的活动子量表的相关性系数为 0.65。

表 B 的分析

除了婴儿–学步儿教育机构质量评价系统表 A 所评价的班级因素外，还有一套完整的工具用来评价机构中的家长参与、家庭服务、工作人员资质与发展以及机构管理质量。这些部分对机构的质量做出了重要的贡献，但是在班级中通常难以被观察到，或不受教学人员的控制，它们在不同教育机构之间也更为标准化。因为这些部分的评价主要是通过事实性访谈来进行的，所以它们被单独置于表 B（Epstein et al.，2013）之中。

表 5　使用婴儿/学步儿环境评价量表（ITERS–R）和婴儿–学步儿教育机构质量评价系统表 A 的同期效度

婴儿/学步儿环境评价量表（ITERS–R）子量表	婴儿–学步儿教育机构质量评价系统表 A 子量表				
	学习环境	一日流程和常规	成人–婴幼儿互动	课程计划和婴幼儿观察	教育机构质量评价系统总分
空间和家具	0.43*	0.29	0.32	0.35	0.36
个人照护常规	0.35	0.42*	0.16	0.40*	0.37
倾听和交谈	0.46*	0.59**	0.67**	0.40*	0.61**
活动	0.58**	0.45*	0.42*	0.65**	0.51**
互动	0.48*	0.45*	0.50**	0.29	0.50**
机构结构	0.54**	0.61**	0.55**	0.36	0.61**
家长和工作人员	0.38	0.40*	0.58**	0.39*	0.48**
子量表总分	0.66**	0.62**	0.56**	0.60**	0.66**

注：* $p<.05$；** $p<.01$

表 6　婴儿-学步儿教育机构质量评价系统表 B 的内部一致性系数

子量表	（N=50）
家长参与和家庭服务	0. 67
工作人员资质与发展	0. 52
机构管理	0. 13
子量表总分	0. 44

如表 B 的标题所示，这是一个综合性的表格，机构负责人可以用它来评估服务于婴儿-学步儿或学前儿童的机构，也可以评估同时服务于这两个年龄段的机构。适用于婴儿和学步儿机构的机构条目是这个综合性表格的一部分，最初在 2001 年的研究中有涉及，但在最后一轮的数据采集中没有涉及。此处显示的是对婴儿-学步儿教育机构质量评价系统机构层面条目的原始分析。

表 6 显示了机构条目内部一致性检验的结果。三个子量表的克隆巴赫阿尔法系数都分别进行了计算。机构管理条目被证实与其他几个子量表相比具有较低的内部一致性（0. 13），从而影响了整体得分。因此，在新版的表 B 中，这些条目要么被删除了，要么与学前教育机构质量评价系统表 B 中的相似机构条目进行了合并（HighScope Educational Research Foundation，2003b）。

总结

此处所呈现的结果显示，对于测量婴儿和学步儿机构的质量而言，婴儿-学步儿教育机构质量评价系统是一个有效且可靠的工具。它的质量结构已经证实其有能力在婴儿和学步儿机构的预期范围内产生得分。评分者信度在可接受的范围内，且内部一致性较强。构成量表和子量表的条目可以很好地聚合在一起，形成了强有力的理论基础支撑。此外，另一个质量评价工具与婴儿-学步儿教育机构质量评价系统的结构存在显著正相关。婴儿-学步儿教育机构质量评价系统历经多次调整和统计分析，证实了工具的有效性，婴儿-学步儿教育机构可以相信，使用教育机构质量评价系统确实能够帮助他们改善服务质量。

参考文献

American Academy of Pediatrics, American Public Health Association, & National Resource Center for Health and Safety in Child Care. (2002). *Caring for our children —National health and safety performance standards: Guidelines for out-of-home child care programs* (2nd Ed.). Elk Grove Village, IL: American Academy of Pediatrics, American Public Health Association, & National Resource Center for Health and Safety in Child Care. Retrieved from http://nrckids.org/CFOC

Copple, C., & Bredekamp, S. (Eds.). (2009). *Developmentally appropriate practice in early childhood programs serving children from birth through age 8* (3rd ed.). Washington, DC: NAEYC.

Education Week. (2009). Quality counts 2009. Bethesda, MD: Author. Retrieved from http://www.edweek.org

Epstein, A. S., & Hohmann, M. (2012). *The HighScope Preschool Curriculum.* Ypsilanti, MI: HighScope Press.

Epstein, A. S., Gainsley, S., Hohmann, M., Jurkiewicz, T., Lockhart, S., Marshall, B., & Montie, J. (2013). *Infant-Toddler Program Quality Assessment (PQA) Form B: Agency Items for Infant-Toddler and Preschool Programs.* Ypsilanti, MI: HighScope Press.

Harms, T., Cryer, D., & Clifford, R. M. (2006). *Infant/Toddler Environment Rating Scale—Revised edition (ITERS-R).* New York: Teachers College Press.

HighScope Educational Research Foundation. (2003a). *Preschool Program Quality Assessment (PQA).* Ypsilanti, MI: HighScope Press.

HighScope Educational Research Foundation.

(2003b). *Preschool Program Quality Assessment (PQA): Form B—Agency Items.* Ypsilanti, MI: HighScope Press.

Hohmann, M., Lockhart, S., & Montie, J. (2011). *Infant-Toddler Program Quality Assessment (PQA) Form A: Observation Items—Beta Version.*

Hohmann, M., Lockhart, S., & Montie, J. (2013). *Infant-Toddler Program Quality Assessment (PQA) Form A: Observation Items.* Ypsilanti, MI: HighScope Press.

Michigan State Board of Education. (2006). *Early childhood standards of quality for infant and toddler programs.* Lansing, MI: Author.

National Association for the Education of Young Children. (2007). *NAEYC early childhood program standards and accreditation criteria.* Retrieved from https://oldweb.naeyc.org/academy/standards/

National Association for the Education of Young Children (NAEYC) & National Association of Early Childhood Specialists in State Departments of Education (NAECS/SDE). (2003). *Early childhood curriculum, assessment, and program evaluation: Building an effective, accountable system in programs for children birth through age* 8. Washington, DC: National Association for the Education of Young Children.

National Institute of Child Health and Human Development (NICHD) Early Child Care Research Network. (2002). Early child care and children's development prior to school entry: Results from the NICHD Study of Early Child Care. *American Educational Research Journal*, 39(1), 133-164. doi: 10.3102/00028312039001133

National Institute of Child Health and Human Development (NICHD) Early Child Care Research Network. (2003). Does quality of child care affect child outcomes at age 4½? *Developmental Psychology*, 39(3), 451-469. doi: 10.1037/0012-1649.39.3.451

National Institute of Child Health and Human Development (NICHD) Early Child Care Research Network. (2012). *Study overview* [The NICHD Study of Early Child Care and Youth Development]. Retrieved from http://www.nichd.nih.gov/research/supported/seccyd/Pages/overview.aspx#datas

Petersen, S., Jones, L., & McGinley, K. A. (2008). *Early learning guidelines for infants and toddlers: Recommendations for states.* Washington, DC: Zero to Three.

Post, J., & Hohmann, M. (2000). *Tender care and early learning: Supporting infants and toddlers in child care settings.* Ypsilanti, MI: HighScope Press.

Post, J., Hohmann, M., & Epstein, A. S.

(2011). *Tender care and early learning: Supporting infants and toddlers in child care settings* (2nd ed.). Ypsilanti, MI: HighScope Press.

US Department of Health and Human Services, Administration for Children, Youth, and Families, Head Start Bureau. (2004, April). *Head Start Program Performance Standards and other regulations.* Washington, DC: US Government Printing Office. Also available online at http://eclkc.ohs.acf.hhs.gov/hslc/Regulations%20&%20 Policies.

Willer, B., & Richie, S. (Eds.). (2005). *Self-study and program quality improvement through NAEYC early childhood program accreditation.* Washington, DC: NAEYC.

Zero to Three. (2008). *Caring for infants and toddlers in groups: Developmentally appropriate practice* (2nd ed.). Arlington, VA: Author.

婴儿-学步儿教育机构质量评价系统
表 A：班级条目

Infant-Toddler Program Quality Assessment（PQA）：Form A—Observation Items

工具开发人员

此工具由高瞻教育研究基金会早期教育课程开发人员及研究人员开发而成，具体包括：

【美】玛丽·霍曼（Mary Hohmann）

香农·洛克哈特

珍妮·蒙蒂（Jeanne Montie）

洪秀敏　赵思婕　宋　佳　译

教育科学出版社

·北　京·

图书在版编目（CIP）数据

婴儿—学步儿教育机构质量评价系统 /（美）香农 · 洛克哈特等著；洪秀敏等译. —北京：教育科学出版社，2022. 3

（高瞻课程的理论与实践）

ISBN 978-7-5191-2960-6

Ⅰ. ①婴…　Ⅱ. ①香…　②洪…　Ⅲ. ①早期教育—教育组织机构—质量评价　Ⅳ. ①G610

中国版本图书馆 CIP 数据核字（2022）第 028761 号

北京市版权局著作权合同登记　图字：01-2021-6351 号

高瞻课程的理论与实践

婴儿-学步儿教育机构质量评价系统

YING'ER-XUEBU'ER JIAOYU JIGOU ZHILIANG PINGJIA XITONG

出版人	李　东	**版式设计**	沈晓萌
策划编辑	孙冬梅	**责任校对**	马明辉
责任编辑	孙冬梅	**责任印制**	叶小峰
出版发行	教育科学出版社	**邮　编**	100101
社　址	北京 · 朝阳区安慧北里安园甲 9 号	**编辑部电话**	010-64989395
总编室电话	010-64981290	**市场部电话**	010-64989572
出版部电话	010-64989487	**网　址**	http://www. esph. com. cn
传　真	010-64989419	**版　次**	2022 年 4 月第 1 版
经　销	各地新华书店	**印　次**	2022 年 4 月第 1 次印刷
制　作	北京金奥都图文制作中心	**印　张**	19. 5
印　刷	保定市中画美凯印刷有限公司	**字　数**	317 千
开　本	787 毫米×1092 毫米　1/16	**定　价**	78. 00 元（共 3 册）

目　录

引　言

什么是婴儿-学步儿教育机构质量评价系统？

有关婴儿和学步儿教育机构的研究已经证实了照护质量对婴幼儿未来的认知与社会性情感发展至关重要。婴儿-学步儿教育机构质量评价系统（Infant-Toddler Program Quality Assessment，PQA）的研发旨在帮助照护者、管理者和其他机构工作人员评估机构的优势以及需要改进的地方。（婴儿-学步儿教育机构质量评价系统也可作为研究工具使用。）不管对于照护者本身而言，还是对于其他需要了解0—36个月婴儿和学步儿的照护质量与环境质量构成要素的人而言，这一工具提供的具体细节都是宝贵的资源。

婴儿-学步儿教育机构质量评价系统测量了婴幼儿照护机构中课程实施与机构运营的七大领域：学习环境、一日流程和常规、成人-婴幼儿互动、课程计划和婴幼儿观察、家长参与和家庭服务、工作人员资质与发展、机构管理。“表A：班级条目”涵盖前四个领域，“表B：机构条目”涵盖后三个领域。每个领域包括一系列基于专业领域公认的最佳实践梳理出的条目。

该工具将班级观察到的和工作人员访谈的逸事记录作为评估证据，采用5点计分量表，客观地对机构的质量从低到高进行打分。每个条目均包含作为得分判定依据的描述语，帮助评估者明晰何种类型的照护实践、班级材料和服务政策能够造就高质量的机构。

与许多只对条目进行“是”或“否”打分的常规测量方法不同的是，婴儿-学步儿教育机构质量评价系统运用等级量表来评价质量，可帮助评价者更精准地判别机构发展现状及需要改进之处。

由于婴儿-学步儿教育机构质量评价系统记录了机构中照护者、教师和婴幼儿一日生活的典型行为，所以它是一种对机构的真实性评价。

婴儿-学步儿教育机构质量评价系统（PQA）
表 A：班级条目（第 I-IV 部分）

机构/评价者信息

一、机构信息

机构名称＿＿＿＿＿＿＿＿＿＿＿＿＿＿＿＿

中心/分址名称＿＿＿＿＿＿＿＿＿＿＿＿＿＿

所观察机构/照护机构名称＿＿＿＿＿＿＿＿＿＿

机构负责人/管理者或联系人

姓名＿＿＿＿＿＿＿＿＿＿＿＿＿＿＿＿

职位/头衔＿＿＿＿＿＿＿＿＿＿＿＿＿＿

联系电话＿＿＿＿＿＿＿＿＿＿＿＿＿＿＿

分机号码＿＿＿＿＿＿＿＿＿＿＿＿＿＿＿

传真＿＿＿＿＿＿＿＿＿＿＿＿＿＿＿＿

电子邮箱＿＿＿＿＿＿＿＿＿＿＿＿＿＿＿

所观察机构/照护机构地址和电话

省/城市/邮编＿＿＿＿＿＿＿＿＿＿＿＿＿

街道＿＿＿＿＿＿＿＿＿＿＿＿＿＿＿＿

联系电话＿＿＿＿＿＿＿＿＿＿＿＿＿＿＿

分机号码＿＿＿＿＿＿＿＿＿＿＿＿＿＿＿

传真＿＿＿＿＿＿＿＿＿＿＿＿＿＿＿＿

电子邮箱＿＿＿＿＿＿＿＿＿＿＿＿＿＿＿

机构/照护人员

照护者/教师姓名________________

照护者/教师姓名________________

照护者/教师姓名________________

其他工作人员和志愿者姓名（列清姓名和职位）

姓名________ 职位________________

姓名________ 职位________________

姓名________ 职位________________

婴幼儿

机构/照护机构中的婴幼儿数量________________

所观察班级中的婴幼儿数量________________

机构/照护机构中的婴幼儿年龄范围________________

所观察班级中的婴幼儿年龄范围________________

机构/照护机构运营的小时数

一周中的天数（圈出所有的运营日）：

星期一　星期二　星期三　星期四

星期五　星期六　星期日

每天开始运营的时间________________

每天结束运营的时间________________

二、评价者信息

姓名________________

单位________________

职位/头衔________________

联系电话________________

分机号码________________

传真________________

电子邮箱________________

填写完婴儿-学步儿教育机构质量评价系统的日期________

____

三、使用婴儿-学步儿教育机构质量评价系统进行评价的信息

观察开始的日期/时间__________

观察结束的日期/时间__________

访谈开始的日期/时间__________

访谈结束的日期/时间__________

在此处写下关于使用婴儿-学步儿教育机构质量评价系统的注释或记录

评价者签名__________

日期__________

婴儿-学步儿教育机构质量评价系统班级条目

（表A）

评分说明

步骤 1

视情况进行观察和（或）访谈。（第 I–III 部分主要通过观察完成，第 IV 部分则基于访谈完成。）在表格每行的空白处记录下支持性证据。

你所看到、听到和记录下的内容将为你在步骤 3 中选择总体质量等级提供证据。大多数证据源自于直接观察，但有时你还需要访谈机构工作人员（例如照护者、早期教育专家或机构负责人）来获取额外信息，以补充观察。使用指标上方呈现的标准化问题，根据需要从工作人员那里获取信息。关于指标等级的支持性证据包括以下任何一项，你可以根据不同条目的需要进行选择。

- 逸事：简短的笔记，包括婴幼儿和（或）工作人员的实际行为及（或）与他们交流的内容。
- 语录：婴幼儿和（或）工作人员实际说的话。
- 材料清单。
- 班级、空间、区域和（或）户外游戏场地图；草图和符号。
- 日常活动和一日常规的顺序。
- 对提问的回答（澄清问题），参见相关条目中的具体问题）。

步骤 2

阅读每一行指标。每行勾选一个空白框。

一旦搜集到某一条目的支持性证据，请阅读该条目后面的指标行。基于步骤 1 采集到的证据，请你在每个指标行的一个且仅一个空白框（1、3 或 5）内打钩（√）。完成每个条目对应的每一行。为了获得其他信息，可视情况需要来询问照护者和（或）机构工作人员，以补充你的观察。如果某一行不适用（例如，空间内仅有婴儿或学步儿，或婴幼儿是混龄的），请在“支持性证据/逸事”一栏中勾选“不适用”。（有关带有“不适用”选项行的更多说明，请参阅下文。）

步骤 3

确定质量水平。在表格顶部圈出相应的水平：1、2、3、4 或 5。

使用以下标准确定条目的质量水平。

对于有三行或更多行表格的条目

水平 1：一半及以上的水平 1 框被勾选（不管水平 3 或水平 5 框是否可能也被勾选）。

水平 2：少于一半的水平 1 框被勾选，同时部分水平 3 和（或）水平 5 框也被勾选。

水平 3：一半及以上的水平 3 框被勾选，没有水平 1 框被勾选。

水平 4：少于一半的水平 3 框被勾选，其余的框都被勾选为水平 5。

水平 5：所有的水平 5 框都被勾选，没有任何水平 1 或水平 3 框被勾选。①

对于有两行表格的条目

水平 1：两个水平 1 框都被勾选。

水平 2：一个水平 1 框被勾选，同时另一个框被勾选为水平 3 或水平 5。

水平 3：两个水平 3 框都被勾选。

水平 4：一个框被勾选为水平 3，另一个框被勾选为水平 5。

水平 5：两个水平 5 框都被勾选。②

如果某行标记了“不适用”，则根据该条目已完成的行数来计算质量水平。如果某一条目无法被观察到或通过访谈无法确定，请在总分处选中“未被观察或未报告到”，并在汇总表中填上“未被观察或未报告到”。

---

① 高瞻的婴儿-学步儿手册《高瞻 0-3 岁儿童课程——支持婴儿与学步儿的成长和学习》（*Tender Care and Early Learning*：*Supporting Infants and Toddlers in Early Childhood Settings*）（该书中文版已由教育科学出版社出版）详细描述了高质量照护（水平 5）是什么样的，以及实现它的策略。高瞻婴儿-学步儿系列培训工作坊使得教师和照护者能够对实施高质量照护的途径进行讨论和实践。关于产品或培训的更多信息请参见 highscope. org。

② 同①。

关于带有“不适用”选项的指标行的说明

只有在某行明确带有“不适用”选项的情况下才能标记它，除非行中给出了更具体的年龄范围，否则均按以下年龄组别表中的一般定义进行处理。除非另有说明，否则其他所有行都应完成，并附上证据和评分勾选标记。

婴幼儿的年龄定义	带有“不适用”勾选框的对应内容
婴儿——0—6 个月大的婴幼儿，通常还不能独立坐起来。	0—6 个月婴儿的班级称为婴儿班。完成专属这一年龄段婴儿的指定行。如果观察的班级中没有这一年龄段的婴幼儿，请在这行的“不适用”框里打钩。
稍大的婴儿——6—12 个月大的婴幼儿，通常可以独立坐起来，并处在爬行阶段。	6—12 个月婴儿的班级也称为婴儿班。完成专属这一年龄段婴儿和稍大婴儿的指定行。如果观察的班级中没有这一年龄段的婴幼儿，请在这行的“不适用”框里打钩。 如果观察的班级中有 0—12 个月的婴幼儿，则该班级仍被视为婴儿班，应完成婴儿和稍大婴儿的指定行。
稍小的学步儿——12—24 个月大的婴幼儿，通常正在学步并可以独立行走。	12—24 个月学步儿的班级称为学步儿班。完成专属这一年龄段学步儿的指定行。如果观察的班级中没有这一年龄段的婴幼儿，请在这行的“不适用”框里打钩。
稍大的学步儿——24—36 个月大的婴幼儿，通常能够熟练行走。	24—36 个月学步儿的班级称为学步儿班。完成专属这一年龄段学步儿的指定行。如果观察的班级中没有这一年龄段的婴幼儿，请在这行的“不适用”框里打钩。
混龄组——0—36 个月大的婴幼儿。	同时包括上述定义的婴儿和学步儿的班级称为混龄班（例如，有 6—18 个月或 10—24 个月婴幼儿的班级），应完成婴儿、混龄组婴幼儿和学步儿的指定行。

I. 学习环境

根据第 7 页的评分规则，圈出该条目的一个指标等级。

1　　2　　3　　4　　5

I-A. 照护空间为婴儿和学步儿提供安全健康的环境。

□如果未被观察或未报告到，请在这里打钩。

	水平 1 指标	水平 3 指标	水平 5 指标	支持性证据/逸事
第 1 行	□每个婴幼儿–照护者小组空间都没有充足的通风、适宜的照明及温度控制。 **示例：** – 全天都有尿布桶的气味。 – 厕所里有尿味。 – 过度喷洒的除臭剂。 – 光线暗淡或刺眼。 – 睡眠区太亮。 – 极端的温度变化。 – 百叶窗和（或）窗户失修，全天大部分时间关闭。	□每个婴幼儿–照护者小组空间有时有充足的通风、适宜的照明及温度控制。 **示例：** – 午餐后尿布桶有气味。 – 房间冷暖取决于透过窗户照进来的阳光。 – 睡眠区采用柔和的隐蔽式照明，游戏区采用日光灯照明。	□每个婴幼儿–照护者小组空间都有充足的通风、适宜的照明及温度控制。 **示例：** – 没有气味。 – 全天温度适宜。 – 来自窗户和灯的光都是柔和的自然光。 – 百叶窗和（或）窗户经过适当检修，仅在午睡时间使用。	

I. 学习环境

I-A.（续）

根据第 7 页的评分规则，圈出该条目的一个指标等级。

1　　2　　3　　4　　5

□如果未被观察或未报告到，请在这里打钩。

	水平 1 指标	水平 3 指标	水平 5 指标	支持性证据/逸事
第 2 行	□婴幼儿可触及范围内存在危险，和（或）物体表面不干净。 **示例：** - 婴幼儿能接触到清洁用品，如在低矮的架子上或没有婴幼儿安全锁的橱柜中。 - 攀爬架下方没有缓冲物。 - 婴幼儿可能碰到一些窗帘绳。 - 水温过高。 - 地板、桌子和玩具上有灰尘、污垢、油脂、霉菌、小虫子并（或）有损坏。 - 入口玩具（mouthed toys）未隔离和（或）消毒。	□部分危险远离婴幼儿，物体表面有时是干净的。 **示例：** - 活动后，地板上遗留的脏东西直到一天结束时才打扫。 - 部分清洁用品放在婴幼儿可触及的低矮位置。 - 部分存放清洁用品的橱柜上有儿童安全锁。 - 攀爬架下方有一些适当的缓冲物。 - 仅按计划清洁墙壁、天花板、设施、设备和电器。 - 入口玩具在使用前有时进行隔离和（或）消毒。	□婴幼儿视线和身体可及范围内没有危险，物体表面干净且维护良好。 **示例：** - 清洁用品存放在带婴幼儿安全锁的橱柜中，或放置在高架子/柜子中。 - 设施是圆角的，攀爬架下有缓冲物，有防滑地板。 - 婴幼儿不会碰到窗帘绳。 - 婴幼儿用水经过了温度控制。 - 干净的地板、墙壁、天花板、设施、设备和电器。 - 玩具状况良好；入口玩具在使用前均进行隔离和（或）消毒。	

I. 学习环境

I–A. （续）

根据第 7 页的评分规则，圈出该条目的一个指标等级。

1 2 3 4 5

□如果未被观察或未报告到，请在这里打钩。

	水平 1 指标	水平 3 指标	水平 5 指标	支持性证据/逸事
第 3 行	□身体保育、食物准备、餐具清洗环境和（或）操作不卫生。 **示例：** – 同一个水槽既用于食物准备，又用来身体保育。 – 卫生材料存放在婴幼儿可触及的范围内。 – 洗手池和马桶不卫生，弄脏的衣物、用过的纸巾随意乱丢，脏盘子放在水槽中。	□身体保育、食物准备、餐具清洗环境及操作是卫生的，但并不总是能够轻易获取。 **示例：** – 室内水槽用来准备食物；走廊一端的水槽用来洗手和冲厕所。 – 微波炉在班级内，但冰箱在其他位置。 – 在一日生活结束时，教师们会到走廊一端的厨房中洗碗。	□身体保育、食物准备、餐具清洗环境及操作是卫生的，且能够轻易获取。 **示例：** – 在尿布台旁或附近的卫生间中，有独立的、带水槽的身体保育区域。 – 有含水槽、冰箱、微波炉的独立食物准备区域；提供解冻母乳的空间/步骤图。 – 清洁用品存放在对婴幼儿来说安全的空间。	

I. 学习环境

I–A.（续）

根据第 7 页的评分规则，圈出该条目的一个指标等级。

1 2 3 4 5

□如果未被观察或未报告到，请在这里打钩。

	水平 1 指标	水平 3 指标	水平 5 指标	支持性证据/逸事
第 4 行	□没有洗手用品。	□有洗手用品，但不容易获取。 **示例：** – 婴幼儿够不到肥皂或无法打开水龙头。 – 成人必须离开盥洗区以获取洗手用品。 – 仅提供洗手液。	□成人和学步儿都容易获取洗手用品。 **示例：** – 卫生间的肥皂和纸巾架放得比较低，婴幼儿可以拿到。 – 有小凳子供婴幼儿拿洗手用品。 – 厨房区域为成人提供肥皂和纸巾架。	
第 5 行	□婴幼儿和成人不洗手。 **示例：** – 婴幼儿没有洗手，直接去餐桌吃饭。 – 成人在处理食物时没有洗手。 – 成人在给婴幼儿换尿布后没有洗手。	□婴幼儿和成人有时洗手。 **示例：** – 婴幼儿在午餐前洗手，但在吃加餐前没有洗手。 – 在换尿布后，成人在厨房水槽而不是卫生间水槽中洗手。	□婴幼儿和成人在一天中必要时刻都会常洗手。 **示例：** – 成人在准备食物前和擦鼻子、如厕/换尿布后都会洗手。 – 婴幼儿在饭前便后洗手。 – 成人通常在完成身体护理常规后在卫生间水槽中洗手。 – 成人仅在餐前准备和餐后清洁时才使用厨房的水槽。	

I. 学习环境

I-A.（续）

根据第 7 页的评分规则，圈出该条目的一个指标等级。

1　　2　　3　　4　　5

□如果未被观察或未报告到，请在这里打钩。

	水平 1 指标	水平 3 指标	水平 5 指标	支持性证据/逸事
第 6 行	□没有张贴洗手步骤。 **示例：** – 卫生间或盥洗区没有张贴任何内容以帮助婴幼儿、成人了解洗手步骤。	□张贴了书面洗手步骤。 **示例：** – 针对成人、混龄婴幼儿和学步儿的洗手步骤是书面化的。 – 仅张贴针对成人的洗手步骤。	□洗手步骤张贴在班级内显眼的位置上，学步儿很容易理解。 **示例：** – 针对学步儿的图画式的洗手步骤张贴在卫生间中较低的位置上。 – 在成人洗手的区域，如厨房、卫生间、盥洗区等，贴有书面化和（或）图画式的洗手步骤。	注：在婴儿班里，如果仅为成人张贴了洗手步骤，请勾选水平 5（需要为稍大的婴幼儿张贴洗手步骤，但婴儿不需要）。
第 7 行	□睡眠条件不安全、不卫生。 **示例：** – 婴幼儿床上有毛绒动物和玩具。 – 毯子、枕头和床单带有污渍、臭味。 – 寝具混用并（或）堆放在一起。	□睡眠条件是安全的，有时也比较卫生。 **示例：** – 婴幼儿床上没有其他物品。 – 婴幼儿寝具弄脏后没有及时清洗。 – 婴幼儿寝具堆放在一起。 – 床与床之间寝具叠在了一起，婴幼儿的寝具相互接触。	□睡眠条件安全且卫生，寝具干净整洁。 **示例：** – 婴幼儿床上没有其他物品。 – 寝具每周清洁一次，一套寝具仅供一名婴幼儿使用。 – 婴幼儿的寝具分开存放，不会接触到或叠放在其他孩子寝具之上。	提问：你如何存放寝具？如何对寝具和婴幼儿床面进行清洁？

I. 学习环境

I-A.（续）

根据第 7 页的评分规则，圈出该条目的一个指标等级。

1 2 3 4 5

□如果未被观察或未报告到，请在这里打钩。

	水平 1 指标	水平 3 指标	水平 5 指标	支持性证据/逸事
第 8 行	□没有可获取的急救用品和（或）程序。 **示例：** - 急救用品都存放在主办公室中。 - 照护者没有意识到婴幼儿的特殊/医疗需要，没有张贴婴幼儿的过敏原。 - 心肺复苏和窒息急救程序都存放在主办公室中。	□有一些可获取的急救用品和程序。 **示例：** - 急救用品锁在柜子里或程序在班级中没有标识。 - 主要照护者了解婴幼儿的特殊/医疗需要。 - 班级内有心肺复苏和窒息急救程序，但没有张贴。 - 急救箱中药物不全。	□急救用品有标识且容易获取；急救程序张贴在显眼的位置上。 **示例：** - 班级内可以看到有标识的急救箱，急救箱中的药物适用于不同的紧急状况。 - 主要照护者和助理教师受过良好的训练，了解婴幼儿的特殊/医疗需要。在显眼处张贴婴幼儿的过敏原；班级内张贴了心肺复苏和窒息急救程序。	提问：你有急救箱吗？它放在哪里？

I. 学习环境

I–A.（续）

根据第 7 页的评分规则，圈出该条目的一个指标等级。

1　　2　　3　　4　　5

☐如果未被观察或未报告到，请在这里打钩。

	水平 1 指标	水平 3 指标	水平 5 指标	支持性证据/逸事
第 9 行	☐没有张贴急救号码和（或）疏散程序。 **示例：** – 家庭应急卡存放在主办公室中，没有张贴疾控中心的电话号码或其他急救号码。 – 班级内没有事故报告单。	☐在显眼的位置张贴了一些急救号码和疏散程序，但信息不全。 **示例：** – 班级内有时有事故报告单。公告板上内容杂乱，掩藏了疏散程序。 – 家庭应急卡锁在教室柜子中。张贴了一些急救号码。	☐在显眼的位置张贴了急救号码和清晰的疏散程序。 **示例：** – 为便于阅读，以图文的形式呈现自然灾害应急程序。 – 急救号码贴在电话旁；家庭应急卡放在电话旁，以便获取。 – 很容易获取事故报告单。	提问：你的急救号码和家庭应急卡放在什么位置？

I. 学习环境

根据第 7 页的评分规则，圈出该条目的一个指标等级。

1　2　3　4　5

I-B. 睡眠区、用餐/食物准备区和身体保育区都有相应的设施。

☐如果未被观察或未报告到，请在这里打钩。

	水平 1 指标	水平 3 指标	水平 5 指标	支持性证据/逸事
第 1 行	☐没有婴儿床和（或）学步儿床/垫子。 **示例：** - 婴儿睡在婴幼儿围栏、安全座椅、吊篮或摇椅上。 - 学步儿睡在地板的毯子上。	☐能根据婴幼儿需要提供婴儿床和学步儿床/垫子。 **示例：** - 婴儿床周围有用于游戏的空间。 - 一个学步儿在游戏区睡着了，教师让他继续睡，而其他婴幼儿在他周围游戏。 - 在混龄班，婴儿床沿游戏区的墙壁摆放，午睡时间学步儿睡在班内的垫子上，同时婴儿正醒着和（或）用餐。	☐有一个安静的房间或指定的区域，供婴幼儿需要时睡在婴儿床和学步儿床/垫子上。 **示例：** - 有单独的睡眠区，游戏区内没有床。如果婴儿床在一个单独的房间，能够随时关注到房间内外的婴幼儿。 - 在学步儿班，小床在午睡时才搬出来。 - 大组活动时间过后，睡着的学步儿被轻轻地放到垫子上，远离图书区中正在游戏的婴幼儿。	提问：如果一名婴幼儿在非午睡时间睡着了，你会怎么办？

I. 学习环境

I-B. （续）

根据第 7 页的评分规则，圈出该条目的一个指标等级。

1 2 3 4 5

□如果未被观察或未报告到，请在这里打钩。

	水平 1 指标	水平 3 指标	水平 5 指标	支持性证据/逸事
第 2 行	□没有婴儿和学步儿适用的设施设备。 **示例：** – 仅有成人适用的桌子、椅子、书架、水槽、马桶。 – 可以行动的婴儿和稍小的学步儿坐在有内置座椅的大桌子上用餐和活动。	□有一些婴儿和学步儿适用的设施设备。 **示例：** – 有成人适用的水槽和（或）高度可调的坐便器及（或）辅助台阶。 – 有学前儿童适用的台阶或阁楼（loft）。 – 一些学前儿童适用的书架挡住了婴幼儿的视线，或婴幼儿很难从中拿取材料。 – 所有可以行动的婴儿坐在高脚椅上用餐和活动。	□整个照护空间都有婴儿和学步儿适用的设施设备。 **示例：** – 有婴儿和（或）学步儿适用的桌子、椅子、书架、水槽、马桶和台阶。 – 可以行动的婴儿和学步儿坐在桌旁的座椅上用餐和活动。	

I. 学习环境

I–B.（续）

根据第 7 页的评分规则，圈出该条目的一个指标等级。

1　2　3　4　5

□如果未被观察或未报告到，请在这里打钩。

	水平 1 指标	水平 3 指标	水平 5 指标	支持性证据/逸事
第 3 行	□没有成人适用的设施。 **示例：** – 成人坐在地板上或婴幼儿适用的座椅上。	□有一把成人适用的座椅。 **示例：** – 有仅供成人使用的摇椅、双人沙发、长沙发或软沙发。	□有舒适的成人座椅，和（或）可供成人和婴幼儿坐在一起的长沙发。 **示例：** – 有摇椅、双人沙发、长沙发、小垫子、软沙发、大靠垫、带靠背的折叠椅或运动椅。	

I. 学习环境

I-B.（续）

根据第 7 页的评分规则，圈出该条目的一个指标等级。

1　2　3　4　5

□如果未被观察或未报告到，请在这里打钩。

	水平 1 指标	水平 3 指标	水平 5 指标	支持性证据/逸事
第 4 行	□用餐区是睡眠区或游戏区的一部分。 **示例：** - 没有独立的母乳喂养/奶瓶喂奶空间。 - 婴幼儿没有指定的用餐区；吃饭时餐椅摆放得比较凌乱。 - 用餐的婴幼儿四周围着哭泣的或在婴儿床上睡觉的孩子。 - 可以行动的婴儿和学步儿被放在受限制的座位上，例如有内置座椅的桌子。 - 学步儿被带到餐厅去吃饭。 - 婴幼儿吃饭时有较大声音和背景音乐。 - 照护者催促婴幼儿吃饭，并且只关注吃饭的进度。	□有一个独立的婴幼儿用餐区。 **示例：** - 没有独立的母乳喂养/奶瓶喂奶空间，但是有指定的用餐区，例如在靠墙的一侧。 - 照护者有时在游戏和睡着的孩子周围对婴儿进行喂食。 - 在婴幼儿用餐时播放背景音乐。 - 照护者会询问婴幼儿是否需要更多食物，并关注他们吃饭的进度，而不是坐在一旁耐心地与他们交流。	□有一个独立、安静、可供所有婴幼儿交往的用餐区。 **示例：** - 有母乳喂养/奶瓶喂奶的充足空间或独立区域，至少能容纳两名婴幼儿及对应的两名成人照护者。 - 在喂婴儿时，远离正在游戏和睡觉的婴幼儿。 - 可以行动的婴儿和学步儿坐在靠墙一侧指定的桌子上用餐，远离游戏和睡觉的婴幼儿。 - 不播放背景音乐。 - 吃饭时，婴幼儿与照护者不慌不忙地交流，谈论着在选择时间做的事。	

I. 学习环境

I–B.（续）

根据第 7 页的评分规则，圈出该条目的一个指标等级。

1　　2　　3　　4　　5

□如果未被观察或未报告到，请在这里打钩。

	水平 1 指标	水平 3 指标	水平 5 指标	支持性证据/逸事
第 5 行	□班级内没有准备食物和瓶奶的空间。 **示例：** – 照护者离开班级去加热瓶奶和（或）准备食物。	□班级内有专门用于准备食物和瓶奶的空间，但有时不能使用。 **示例：** – 照护者在热奶时注意不到婴幼儿。 – 照护者在班级内准备加餐，但是需要离开班级去取正餐。 – 每天由一名照护者带着两名学步儿到厨房领取加餐或正餐。	□班级内有专门用于准备食物和瓶奶的空间，对于婴幼儿而言显眼且便利。 **示例：** – 有容易拿取食物的冰箱、微波炉和瓶奶加热设备。 – 在能关注到婴幼儿的区域里加热和准备食物。 – 仅在班内准备加餐，正餐由厨房人员做好后分发到班级中。	□如果所有的食物（包括加餐）都在准备好后分发到班级，请标记“不适用”。 提问：你准备食物吗？还是食物都在准备好后分发到你的班级？

I. 学习环境

I-B.（续）

根据第 7 页的评分规则，圈出该条目的一个指标等级。

1　　2　　3　　4　　5

□如果未被观察或未报告到，请在这里打钩。

	水平 1 指标	水平 3 指标	水平 5 指标	支持性证据/逸事
第 6 行	□班级内没有储物空间。 **示例：** – 班级内没有食物或餐具，因此照护者需要离开房间去拿这些东西。 – 尿布和多余的衣物都放在走廊的柜子中。 – 婴儿床放在走廊壁橱中。	□班级内有一些空间可以用来存放物品。 **示例：** – 食物准备区有橱柜，但是换尿布用品在走廊中，而不是在尿布台旁。 – 一些食物和餐具存放在班级内。	□班级内有许多储物空间，照护者可以根据需要拿取物品。 **示例：** – 多余的尿布、湿巾、清洁用品放在尿布台上方。 – 小床存放在班级内。 – 班级内有足够的食物和餐具存放空间。	

I. 学习环境

I-B.（续）

根据第 7 页的评分规则，圈出该条目的一个指标等级。

1　　2　　3　　4　　5

□如果未被观察或未报告到，请在这里打钩。

	水平 1 指标	水平 3 指标	水平 5 指标	支持性证据/逸事
第 7 行	□班级内没有便利的尿布台和（或）卫生间。 **示例：** – 照护者将婴儿放在腿上或地板上换尿布。 – 学步儿需要等待照护者带他们去走廊一端的卫生间。	□班级内有一个便利的尿布台和（或）卫生间。 **示例：** – 尿布台在班级中，但婴幼儿看不到。 – 婴幼儿衣物和换尿布用品放在他们的柜子里。 – 用便盆椅进行如厕训练。	□班级和（或）卫生间内有一个盥洗区，对于婴幼儿而言显眼且便利。 **示例：** – 尿布台正对着婴幼儿。 – 婴幼儿衣物及换尿布用品存放在盥洗区附近，方便取用。 – 学步儿可以根据需要使用卫生间。 – 使用婴幼儿适用的马桶、座位或椅子进行如厕训练。	

I. 学习环境

根据第 7 页的评分规则，圈出该条目的一个指标等级。

1　　2　　3　　4　　5

I-C. 区域中有游戏和运动器材。

□如果未被观察或未报告到，请在这里打钩。

	水平 1 指标	水平 3 指标	水平 5 指标	支持性证据/逸事
第 1 行	□没有地面空间或只有非常有限的地面空间供婴幼儿游戏和运动。 **示例：** – 照护者必须离开班级去拿材料，否则所有材料都存放在班级内，空间过于拥挤和凌乱。 – 婴儿被限制在座位上，没有自由活动的时间。 – 学步儿会撞到物品或他人。	□有一些游戏空间。 **示例：** – 有使大多数婴幼儿同时在地面上游戏的充足空间。 – 班级里有一些存放教师材料的空间。 – 在混龄班，婴儿有躺在地面上的独立空间，不受可以行动的婴幼儿的影响。 – 每个区域仅能容纳几名学步儿，婴幼儿需等待才能入区。	□游戏空间充足且组织有序，适合婴幼儿集体活动，每名婴幼儿至少有 50 平方英尺①的空间。 **示例：** – 有可以容纳所有婴幼儿同时在地面上游戏的充足空间。 – 有让所有婴幼儿滚、坐、滑、爬、逛、走、骑、摇、爬、跳、跑的空间。 – 有存放成人材料的充足空间。 – 有允许残疾婴幼儿使用辅助器械活动的充足空间。 – 学步儿可以选择在任一区域游戏，没有人数限制。	注：通过脚步丈量活动室的宽度和长度，计算出房间面积，并除以当日班级内婴幼儿数（长度×宽度÷婴幼儿数＝每名婴幼儿的空间）。

① 约等于 4.65 平方米。——译者注

根据第 7 页的评分规则，圈出该条目的一个指标等级。

1　2　3　4　5

I–C.（续）

□如果未被观察或未报告到，请在这里打钩。

	水平 1 指标	水平 3 指标	水平 5 指标	支持性证据/逸事
第 2 行	□没有柔软的空间供婴幼儿依偎。 **示例：** – 没有指定的游戏区域。 – 都是硬地板；没有毛毯或小地毯。 – 座椅是硬的或塑料的。	□有一些柔软的空间供婴幼儿依偎。 **示例：** – 图书区有一个软沙发和几个靠垫及摇椅。 – 图书区有地毯；娃娃家有可以坐的垫子。 – 班级内除用餐区外都有地毯。	□照护空间随处有柔软的空间供婴幼儿依偎。 **示例：** – 有垫子和（或）软沙发，可供婴幼儿坐或爬。 – 有长沙发或双人沙发；有适合成人或婴幼儿用的带垫子的摇椅；有吊床。 – 毯子包裹成的竖管，可供婴幼儿坐或爬。 – 有供婴幼儿爬行的地毯和（或）小毯子。 – 有靠垫或软沙发组成的舒适角落。 – 阁楼上有带地毯的柔软空间。 – 娃娃家中摆放着适合婴幼儿用的长沙发/椅子。 – 地毯上有一个大纸箱，上面有靠垫/毛毯。	注：这一行是指婴幼儿可以依偎的柔软空间，不是游戏材料。条目 I–D 第 5 行指的是婴幼儿游戏使用的软质材料。

I. 学习环境

I–C.（续）

根据第 7 页的评分规则，圈出该条目的一个指标等级。

1　　2　　3　　4　　5

□如果未被观察或未报告到，请在这里打钩。

	水平 1 指标	水平 3 指标	水平 5 指标	支持性证据/逸事
第 3 行	□班级内没有用于以下活动的器材和设施： •推拉 •摇滚 •骑行 •跳跃 •钻爬 •投掷或转圈（无球） **示例：** – 婴儿被限制在座位上。 – 学步儿一天中大部分时间都坐在桌边，或玩架子上的塑料玩具。	□班级内有用于以下部分活动的器材和设施： •推拉 •摇滚 •骑行 •跳跃 •钻爬 •投掷或转圈（有球） **示例：** – 有几辆塑料制玩具车。 – 桶中放置两个小针织球，供婴幼儿使用。 – 没有可摇动的材料。 – 有一些球。 – 孩子们在积木上爬行，然后从上面跳下来。	□班级内有用于以下所有活动的器材和设施： •推拉 •摇滚 •骑行 •跳跃 •钻爬 •投掷或转圈（有球） **示例：** – 空间中有推拉、骑行和带绳的车轮玩具以及适合成人或婴幼儿用的摇椅、木船；有阁楼、隧道、大盒子、攀爬架、台阶和乙烯基泡沫垫等结构性材料。 – 有运用上一示例中的材料进行大肌肉运动的房间或走廊。 – 教师把毯子铺在桌子上，让婴幼儿从桌子下面钻过去。	

I. 学习环境

I-C.（续）

根据第 7 页的评分规则，圈出该条目的一个指标等级。

1　　2　　3　　4　　5

□如果未被观察或未报告到，请在这里打钩。

	水平 1 指标	水平 3 指标	水平 5 指标	支持性证据/逸事
第 4 行	□没有婴幼儿可用的攀爬设施或器材。 **示例：** – 室内外无攀爬架，无大肌肉运动室。 – 孩子们爬到架子/设备上。	□在一天内的某些时间，婴幼儿可以使用一组楼梯或其他攀爬设施或器材。 **示例：** – 孩子们在一天中某些时间可爬/走台阶/摇船。 – 尿布台下有台阶。 – 婴幼儿去运动场有可以使用的台阶。 – 攀爬设施仅在户外活动时间的运动场中使用。	□婴幼儿全天都可以在室内使用攀爬设施或器材。 **示例：** – 有楼梯、台阶、攀爬架、坡道、阁楼、长椅、大乙烯基泡沫垫、小垫子、沙发、枕头。 – 有用于大肌肉运动的攀爬设施。 – 有用毯子包裹成的竖管、嵌入式攀爬墙、尿布台下的台阶。 – 除室内攀爬设施外，户外也有攀爬设施。	

I. 学习环境

I-C. （续）

根据第 7 页的评分规则，圈出该条目的一个指标等级。

1　2　3　4　5

□如果未被观察或未报告到，请在这里打钩。

	水平 1 指标	水平 3 指标	水平 5 指标	支持性证据/逸事
第 5 行	在混龄班和学步儿班内 □没有组织有序的空间，用于以下游戏：沙、水、图书、美术、积木、娃娃家和小玩具。 **示例：** – 教室内的材料和设备任意摆放。 – 没有沙或水。 – 混龄班所有孩子都在一起，地面上没有婴儿的安全空间。	在混龄班和学步儿班内 □有一些组织有序的空间，用于以下游戏：沙、水、图书、美术、积木、娃娃家和小玩具。 **示例：** – 仅安排了积木区和娃娃家。 – 玩水区每周使用一至两次。 – 户外有沙子可供使用。 – 在混龄班，为尚不能行动的婴儿创设了一个独立的空间。 – 区域有限，例如：仅有存放玩具、书和积木的独立区域，其他不相关的材料放在一起。 – 艺术材料总是收起来，而不是摆在架子上让幼儿随时可以取用。 – 有玩假装游戏的娃娃，但没有用来装饰它们的衣物。	在混龄班和学步儿班内 □有组织非常有序的空间，用于以下游戏：沙、水、图书、美术、积木、娃娃家和小玩具。 **示例：** – 在学步儿班，沙水区每天都能使用。 – 在混龄班，为尚不能行动的婴儿创设了一个独立的空间。 – 提供安全的空间，供尚不能行动的婴幼儿参与和（或）观察可以行动的婴幼儿，如照护者的臂弯或保护他们不被踩到的空间。 – 在混龄班，可能有组合在一起的区域，如积木区和玩具区。 – 积木可能包括乙烯基塑料制积木、纸板积木和小的木制单元积木。	□如果是婴儿班，请标记“不适用”。

I. 学习环境

I–C.（续）

根据第 7 页的评分规则，圈出该条目的一个指标等级。

1　2　3　4　5

□如果未被观察或未报告到，请在这里打钩。

	水平 1 指标	水平 3 指标	水平 5 指标	支持性证据/逸事
第 6 行	在混龄班和学步儿班内 □区域没有贴标签，或标签内容婴幼儿不易理解。 **示例：** – 标签只有文字，没有图画。 – 有成人导向的区域名称，如“操作区”“探索桌”“戏剧表演”“科学区”“感官桌”“图书区”。 – 区域标签位置高，婴幼儿看不到。	在混龄班和学步儿班内 □一些区域有标签，并且（或）一些标签内容婴幼儿不易理解。 **示例：** – 积木区和娃娃家有标签。 – 墙面上还有其他内容，区域标签不易辨识。 – 区域标签位置较高，婴幼儿看不到。 – 区域标签为“积木游戏”“戏剧”“桌面玩具”和“图书区”。	在混龄班和学步儿班内 □区域标签由简单、易理解的符号和名称组成，标签位置符合婴幼儿的身高。 **示例：** – 娃娃家、积木区、美术区、图书区、玩具区和沙水区的标签都含有图画或简单的符号，如一块积木代表积木区，一把画刷代表美术区。 – 区域标签位置较低，婴幼儿和成人都可以看到。	□如果是婴儿班，请标记“不适用”。

I. 学习环境

根据第 7 页的评分规则，圈出该条目的一个指标等级。

1　　2　　3　　4　　5

I-D. 婴儿和学步儿都能够获取丰富的感知觉探索材料。

□如果未被观察或未报告到，请在这里打钩。

	水平 1 指标	水平 3 指标	水平 5 指标	支持性证据/逸事
第 1 行	□供婴幼儿看、摸、咬、听、闻、探索和游戏的材料中，全部或大多数都是用塑料制成的。 **示例：** – 塑料玩具包括拨浪鼓、商品化的娃娃家和娃娃配饰、汽车、卡车、乐器玩具及电动玩具。	□供婴幼儿看、摸、咬、听、闻、探索和游戏的材料中，不到一半是用木头、金属、石头、纤维、纸或天然材料制成的。 **示例：** – 娃娃家区域有木匙、金属锅、塑料食物和空的食物容器。 – 沙子里有石头。 – 艺术区域有可循环使用的材料和蜡笔、纸和橡皮泥。 – 玩具区主要是塑料的、商品化的材料。	□供婴幼儿看、摸、咬、听、闻、探索和游戏的材料中，超过一半是用木头、金属、石头、纤维、纸或天然材料制成的。 **示例：** – 易拉罐/盖子、炊具、香料瓶、金属量杯、小锅、贝壳、石头、木匙、积木、线轴、瓶刷、钥匙、织物、纱线、浮石、橡胶球、镜子、报纸、蜡纸、箔。 – 可循环使用的材料，例如硬纸管、纸箱等。 – 创造性材料，如油漆、橡皮泥、黏土、粘胶、胶水、沙子、水。	

I. 学习环境

I-D.（续）

根据第 7 页的评分规则，圈出该条目的一个指标等级。

1　2　3　4　5

□如果未被观察或未报告到，请在这里打钩。

	水平 1 指标	水平 3 指标	水平 5 指标	支持性证据/逸事
第 2 行	□用于探索和游戏的材料不安全。 **示例：** – 材料可被撕裂、摔坏或弄脏。 – 照护者不检查材料是否已被撕裂、摔坏或弄脏。 – 婴儿能接触到可吞咽的小物品。	□用于探索和游戏的材料是安全的。 **示例：** – 检查一些材料是否被撕裂、摔坏或弄脏，如玩具区材料。 – 材料弄脏后定期清洗，如每周一次。 – 婴儿材料每周消毒一次。	□用于探索和游戏的材料是安全的，且会定期检查。 **示例：** – 照护者每周多次检查微小或破损的材料。 – 破损的材料应丢弃，材料弄脏后应立即消毒，并且（或）应每日消毒。 – 在混龄班，婴儿和年龄稍大的婴儿在监督下使用学步儿材料。	提问：你是如何对材料进行检查和消毒的？

I. 学习环境

根据第 7 页的评分规则，圈出该条目的一个指标等级。

1　　2　　3　　4　　5

I-D.（续）

□如果未被观察或未报告到，请在这里打钩。

	水平 1 指标	水平 3 指标	水平 5 指标	支持性证据/逸事
第 3 行	□婴幼儿无法获取进行探索和游戏的材料。 **示例：** – 大多数材料放在很高的架子上或被锁起来。 – 材料从不循环使用或频繁更换，导致婴幼儿找不到材料。 – 婴儿被限制在座位上，如摇椅或高脚椅上，没有可操作的材料。	□在一天内的某些时间，婴幼儿能够获取一些进行探索和游戏的材料。 **示例：** – 婴幼儿入园、离园时，一些玩具架不开放。 – 在混龄班，一些材料，如艺术材料，被放置在婴幼儿接触不到的地方，婴幼儿不得不向成人提出申请。 – 沙水桌仅在上午可以使用。 – 有时材料会被更换，即使孩子们仍对材料感兴趣。 – 在混龄班，材料会在选择时间结束后被收起来。 – 在学步儿班，一些区域在选择/游戏时间不开放。	□婴幼儿全天都可以获取进行探索和游戏的材料。 **示例：** – 婴幼儿可以自己从架子上获取材料。 – 婴幼儿可以带材料去户外。 – 婴幼儿在换尿布时可以拿着玩具。 – 睡不着的婴幼儿可以在床上看书或安静地玩玩具。 – 更换材料依据的是婴幼儿的兴趣，例如，照护者注意到没有婴幼儿选择林肯积木，于是将它们换成另一种材料。 – 在混龄班，醒着的婴幼儿全天都能接触到各种材料。	提问：你多久循环一次材料，如何决定循环什么？

I. 学习环境

I-D.（续）

根据第 7 页的评分规则，圈出该条目的一个指标等级。

1　2　3　4　5

□如果未被观察或未报告到，请在这里打钩。

	水平 1 指标	水平 3 指标	水平 5 指标	支持性证据/逸事
			-在混龄班，零碎的材料被放置在高处或有螺旋盖的容器内，以便让学步儿使用，而不是年幼的婴儿。当年幼的婴儿在一旁时，这些材料会在成人的监督下使用，当照护者不能与婴儿在一起时，这些材料就会被收起来。 -在学步儿班，所有区域和材料都可以在选择/游戏时间使用。	

I. 学习环境

I-D.（续）

根据第 7 页的评分规则，圈出该条目的一个指标等级。

1　2　3　4　5

□如果未被观察或未报告到，请在这里打钩。

	水平 1 指标	水平 3 指标	水平 5 指标	支持性证据/逸事
第 4 行	□拒绝或强烈劝阻婴幼儿使用个人安抚物品，如安抚奶嘴、安抚小毯子和动物毛绒玩具。	□婴幼儿有时可以接触到个人安抚物品。 **示例：** – 安抚物品仅在午睡期间使用。	□婴幼儿全天都容易接触到个人安抚物品。 **示例：** – 婴幼儿能够根据需要从柜子里拿到安抚奶嘴、毛毯或动物毛绒玩具。 – 贾里德去完卫生间很沮丧，照护者问他是否需要自己的“宝贝”。他点头表示同意，照护者从他的柜子里帮他拿了毯子。	提问：在让婴幼儿使用自己的安抚物品，例如安抚奶嘴和毯子时，你会采用什么方法？

I. 学习环境

I–D.（续）

根据第 7 页的评分规则，圈出该条目的一个指标等级。

1　　2　　3　　4　　5

□如果未被观察或未报告到，请在这里打钩。

	水平 1 指标	水平 3 指标	水平 5 指标	支持性证据/逸事
第 5 行	□没有柔软的物品供婴幼儿依偎。 **示例：** – 没有靠垫、动物毛绒玩具或毯子。 – 照护者不与婴幼儿进行亲密接触。	□有一些柔软的物品供婴幼儿依偎。 **示例：** – 有供婴幼儿在图书区使用的软沙发。 – 积木区有乙烯基塑料垫，用于搭建和爬行。 – 娃娃家中有靠垫，图书区有一些动物毛绒玩具。 – 一名教师和两名婴幼儿坐在垫子上，教师为婴幼儿讲故事。	□照护空间及游戏空间都充满柔软的玩具、靠垫、织物、毛毯和不同型号的坐垫，还有能让婴幼儿依偎的人。 **示例：** – 在图书区和娃娃家放置动物毛绒玩具和靠垫，玩具区有玩偶，积木区有乙烯基塑料垫，用于搭建和爬行。 – 婴儿活动的区域有软沙发，照护者可以和婴幼儿依偎在一起。 – 感官桌上有棉球、织物、绒球、海绵、泡沫块、绸带、纱线等软质材料。 – 在硬地面上为爬行的婴幼儿铺设地毯。 – 照护者和几个孩子依偎在图书区的大靠垫上看书。 – 一名教师一边摇着坐在摇椅软垫上的婴儿，一边给她唱歌。	

I. 学习环境

I–D.（续）

根据第 7 页的评分规则，圈出该条目的一个指标等级。

1　　2　　3　　4　　5

□如果未被观察或未报告到，请在这里打钩。

	水平 1 指标	水平 3 指标	水平 5 指标	支持性证据/逸事
第 6 行	□婴幼儿接触不到书。 **示例：** – 环境中没有书。 – 照护者不为婴幼儿读书。	□在一天的某些时间段，婴幼儿可以接触到有限范围的书和（或）一些指定图书。 **示例：** – 婴幼儿仅在选择时间和午睡前可以选择书。 – 供婴幼儿阅读的书被咬坏、撕裂或质量较低。 – 有些书不允许婴幼儿看。	□婴幼儿全天都可以接触到各种类型的书，进行探索、翻看和游戏。 **示例：** – 有图画书、简明故事书、获奖故事书、诗歌或儿歌书、有关社区和文化的书。 – 有泡沫、布制或纸板书、大书、自制书、杂志。	
第 7 行	□没有简单的乐器，并且（或）婴幼儿不能使用乐器。 **示例：** – 班级内没有乐器。 – 照护者是唯一能够使用成人乐器的人。	□在一天内的某些时间，婴幼儿可以使用一些简单的乐器 **示例：** – 婴幼儿只能使用塑料的乐器仿制品。 – 在大组活动时间，照护者提供真实的乐器。	□婴幼儿全天都可以接触到简单的乐器。 **示例：** – 有真实的鼓、雨声棒、木琴、小手鼓、钹、铃铛、木沙锤、自制沙锤。 – 有一些塑料仿制品。	

I. 学习环境

I–D.（续）

根据第 7 页的评分规则，圈出该条目的一个指标等级。

1　2　3　4　5

□如果未被观察或未报告到，请在这里打钩。

	水平 1 指标	水平 3 指标	水平 5 指标	支持性证据/逸事
第 8 行	□照护者和婴幼儿全天都将音频和广播作为背景音乐。 **示例：** – 婴幼儿游戏和睡觉时，大声播放音乐。	□在一天内的某些时间，照护者将音频和广播作为背景音乐。 **示例：** – 在选择时间播放音乐。 – 熟睡的婴儿能听到大声播放的音乐，此时其他婴幼儿正在游戏。 – 午睡时间播放吵闹的音乐。 – 在选择时间，婴幼儿请照护者播放《玫瑰花环》（光盘上的一首歌），照护者一直播放，直到婴幼儿离开。	□照护者从不将音频和广播作为背景音乐。 **示例：** – 音乐只用于特定目的，例如适合婴幼儿在选择时间假装乐队行进时播放的音乐，适合集体活动或过渡环节的音乐，适合午睡时间的轻音乐。 – 在选择时间，当学步儿想要听《小星星》时，照护者就会播放这首歌，其中两名婴幼儿伴随着音乐摇沙锤。婴幼儿唱完后，照护者就关掉音乐。	

I. 学习环境

I-D.（续）

根据第 7 页的评分规则，圈出该条目的一个指标等级。

1　　2　　3　　4　　5

□如果未被观察或未报告到，请在这里打钩。

	水平 1 指标	水平 3 指标	水平 5 指标	支持性证据/逸事
第 9 行	在混龄班和学步儿班内 □用于婴幼儿探索和游戏的材料不能反映家庭和社区文化，或不能反映婴幼儿的不同能力水平。 **示例：** – 商品化道具服。 – 塑料盘子和食物。 – 所有娃娃都是同一种族。 – 没有材料适用于残疾婴幼儿或成人。	在混龄班和学步儿班内 □用于婴幼儿探索和游戏的一些材料能反映家庭和社区文化，并能反映机构中婴幼儿的不同能力水平。 **示例：** – 有一些反映机构中婴幼儿家庭文化的食品容器。 – 有一个白人和一个非裔美国人娃娃。 – 有女孩穿的道具服和鞋子。 – 有塑料游戏盘子，且娃娃家有真的平底锅。 – 有一本介绍残疾婴幼儿的书。	在混龄班和学步儿班内 □用于婴幼儿探索和游戏的材料都能反映家庭和社区文化，并能反映机构中婴幼儿的不同能力水平。 **示例：** – 有真实的食物容器，真实的菜肴和符合当地文化的烹饪物品，代表社区和家庭文化的工作服。 – 有反映不同文化背景的音乐。 – 有各民族的娃娃和有特殊需要的娃娃。 – 有代表不同文化和满足特殊需要的书及与社区服务人员相关的书。	□如果是婴儿班，请标记“不适用”。

I. 学习环境

根据第 7 页的评分规则，圈出该条目的一个指标等级。

1　2　3　4　5

I-D.（续）

□如果未被观察或未报告到，请在这里打钩。

	水平 1 指标	水平 3 指标	水平 5 指标	支持性证据/逸事
第 10 行	在混龄班和学步儿班内 □探索和游戏的材料会加深婴幼儿的刻板印象。 **示例：** - 图片和书中仅女性是家庭主妇和护士，仅男人是建筑工人和医生。 - 不鼓励男孩扮演女性角色，也不鼓励女孩扮演男性角色。 - 男孩玩“男孩”玩具，女孩玩“女孩”玩具。	在混龄班和学步儿班内 □一些探索和游戏的材料加深了婴幼儿的刻板印象，（或）一些材料描述了非刻板化的角色形象。 **示例：** - 一些图片和书中呈现女性是家庭主妇或护士，另一些呈现女性是警察或医生。 - 有一些男性消防员、男性警察和女性警察、女性护士的玩偶。	在混龄班和学步儿班内 □所有探索和游戏的材料都描述了广泛的非刻板化的角色形象和文化。 **示例：** - 图片和书中有女性医生，男性做家务，有女性警察娃娃、玩具及男护士形象。 - 图片和玩偶中有各种角色的非裔美国人、西班牙裔、白种人和亚洲男性、女性。 - 照护者鼓励男孩和女孩用自己喜欢的方式玩所有材料。	□如果是婴儿班，请标记“不适用”。

I. 学习环境

I–D.（续）

根据第 7 页的评分规则，圈出该条目的一个指标等级。

1 2 3 4 5

□如果未被观察或未报告到，请在这里打钩。

	水平 1 指标	水平 3 指标	水平 5 指标	支持性证据/逸事
第 11 行	在混龄班和学步儿班内 □有限的材料用于以下一些类型的游戏（例如沙、水、美术、积木、玩偶、娃娃家），且（或）婴幼儿不能获取游戏材料。 **示例：** – 没有足够的材料，或婴幼儿需要向照护者索要材料。 – 在混龄班，稍大的婴儿和稍小的学步儿使用相同的简单材料。 – 材料对学步儿不具有挑战性。 – 有一个沙水桌，但是不使用。 – 没有创造性材料。	在混龄班和学步儿班内 □有一些用于沙、水、美术、积木、玩偶、娃娃家游戏的材料，婴幼儿有时可以获取这些材料。 **示例：** – 有沙子和水不是每天都能使用，仅在部分时间使用，或仅在户外使用。 – 成人每天带来不同的艺术材料，而不是基本的艺术材料随时可以取用。 – 混龄班提供简单的材料，包括一些对学步儿具有挑战性的材料。 – 照护者在选择时间结束 20 分钟后收起感官桌。	在混龄班和学步儿班内 □有充足的材料用于沙、水、美术、积木、玩偶、娃娃家游戏，婴幼儿全天都可以获取这些材料。 **示例：** – 有铲子、量杯、勺子、泥巴、沙子、水、豆子、筛子、刮刀、碗、漏斗、纸、蜡笔、马克笔、颜料、胶水、胶带、管道清洁器、废弃材料、纸板、黏土、橡皮泥、木制积木、纸板积木、乙烯基泡沫垫、汽车玩具、推拉玩具、娃娃和配饰、装饰服装、瓶子、地毯、炊具、真实的平底锅和菜肴、银器、拼图、乐高玩具、玩偶、挂钩和小钉板、华夫格块、计数熊/恐龙、农场动物玩具。	□如果是婴儿班，请标记“不适用”。

I. 学习环境

I-D.（续）

根据第 7 页的评分规则，圈出该条目的一个指标等级。

1　2　3　4　5

□如果未被观察或未报告到，请在这里打钩。

	水平 1 指标	水平 3 指标	水平 5 指标	支持性证据/逸事
			- 有多套材料；每天都能使用基本材料；有一些根据婴幼儿的兴趣可循环使用的不同材料。 - 沙水区每天使用，照护者根据婴幼儿的兴趣在沙箱内外循环摆放不同的材料。	

I. 学习环境

I-D.（续）

根据第 7 页的评分规则，圈出该条目的一个指标等级。

1　2　3　4　5

□如果未被观察或未报告到，请在这里打钩。

	水平 1 指标	水平 3 指标	水平 5 指标	支持性证据/逸事
第 12 行	在混龄班和学步儿班内 □材料摆放无序，没有标签或仅有手写的标签。 **示例：** - 材料存放在班级四周没有标签的架子上。 - 材料随意摆放。 - 在清理时间，照护者和一些婴幼儿将材料随意摆放在架子上或放到箱子里。	在混龄班和学步儿班内 □一些材料有序摆放，并贴有标签。 **示例：** - 积木、一些架子和几个容器有标签；有些标签是图片标签。 - 在混龄班，玩具和积木一起放在架子上，玩具散落在架子上。 - 在选择时间和（或）清理时间，婴幼儿有时会找不到想要的材料，因为不是所有的材料都有标签且有序摆放。	在混龄班和学步儿班内 □全部材料都有序摆放在架子上、容器里，并有便于使用和清理的标签。 **示例：** - 在有螺旋盖的容器内装有学步儿专用材料。 - 用物品图片、照片作为标签。 - 架子上的材料按照区域和功能进行排列，如艺术区中的美术材料、图书区中的书和拼图、沙水区中的沙水材料。 - 在混龄班内，一些区域可能会合并在一起，例如由积木、汽车、推拉玩具和小玩偶组成的积木和玩具区。	□如果是婴儿班，请标记“不适用”。

I. 学习环境

根据第 7 页的评分规则，圈出该条目的一个指标等级。

1　　2　　3　　4　　5

I-E. 展示婴幼儿的照片和作品。

□如果未被观察或未报告到，请在这里打钩。

	水平 1 指标	水平 3 指标	水平 5 指标	支持性证据/逸事
第 1 行	□墙面上和相册里没有婴幼儿或其家人的照片。	□展示了部分婴幼儿和（或）其家人的照片，婴幼儿可以看到。 **示例：** - 没有展示全部婴幼儿的照片。 - 婴幼儿的照片在柜子上方。 - 墙面上较低的位置上有婴幼儿海报，但是没有他们的家人的照片。	□展示了全部婴幼儿及其家人的照片，婴幼儿可以看、摸、拿、带。 **示例：** - 地面或墙面上有婴幼儿游戏时的照片，照片用塑封膜保护。 - 图书区有一本家庭相册。 - 婴幼儿可以接触到或看到展示他们在一日生活中的表现的照片。 - 墙面较低位置上有记录婴幼儿户外活动的海报，孩子们可以爬过去看自己的照片。 - 一个孩子很沮丧，想妈妈，照护者给她一张妈妈的照片，让她拿着。	

I. 学习环境

I-E.（续）

根据第 7 页的评分规则，圈出该条目的一个指标等级。

1　2　3　4　5

□如果未被观察或未报告到，请在这里打钩。

	水平 1 指标	水平 3 指标	水平 5 指标	支持性证据/逸事
第 2 行	□展示品主要由成人制作或商业生产的材料组成，与婴幼儿的兴趣无关。 **示例：** – 布告板上有日历。 – 有关于刷牙步骤、消防安全、正确行为或纪律、字母等内容的海报。	□有一半由成人制作的展示品是源于婴幼儿的兴趣和体验。 **示例：** – 有一些婴幼儿作品展示，如手指画、拼贴画、填色画。 – 展示了其他标准化的内容，如表示春天来临的鲜花和蝴蝶、字母表和代表每个字母的图片。	□几乎所有成人制作的展示都源于婴幼儿的兴趣和体验。 **示例：** – 展示婴幼儿的作品，例如用可回收材料制作的拼贴画、绘画、胶画作品。 – 展示班级宠物、婴幼儿家庭成员或班级活动的图片或照片。 – 在家长公告栏中贴有许可政策和写有婴幼儿生日的用卡纸制作的气球。	
第 3 行	□婴幼儿看不到自己的作品。 **示例：** – 作品展示由成人制作的或商业生产的材料组成，或者婴幼儿看不到展示。	□婴幼儿可以看到一些自己的作品。 **示例：** – 婴幼儿的绘画作品挂在较低的柜子上。 – 在混龄班，因为婴儿床占用了一定的空间，墙面上的婴幼儿作品有限或挂得很高。	□悬挂并（或）展示婴幼儿的作品，婴幼儿能看到、摸到自己的作品。 **示例：** – 低矮架子上有黏土作品。 – 地板、墙壁、低矮的公告栏或橱柜上有带塑封膜保护的涂鸦或绘画作品。	

I. 学习环境

I-E.（续）

根据第 7 页的评分规则，圈出该条目的一个指标等级。

1 2 3 4 5

□如果未被观察或未报告到，请在这里打钩。

	水平 1 指标	水平 3 指标	水平 5 指标	支持性证据/逸事
第 4 行	□展示的婴幼儿作品主要源于成人的想法或是模仿成人作品。 **示例：** - 所有婴幼儿的花卉剪纸看起来都一样。 - 所有的纸兔子都是用相同的方式拼接在一起的。	□展示的部分婴幼儿作品源于婴幼儿的兴趣和想法。 **示例：** - 照护者把婴幼儿的画剪成昆虫的形状，做成昆虫展板。 - 照护者在婴幼儿完成创作后，“修整”了他们的橡皮泥雪人。	□展示的婴幼儿作品全部源于婴幼儿的兴趣和想法。 **示例：** - 婴幼儿的铅笔涂鸦、泥塑、手指画和胶画都是原创的。 - 照护者保存婴幼儿的作品。	

画一张班级图

I. 学习环境

根据第 7 页的评分规则，圈出该条目的一个指标等级。

1　　2　　3　　4　　5

I-F. 户外游戏场地安全可及，有满足各类游戏的充足空间、设施和器材。

□如果未被观察或未报告到，请在这里打钩。

注：在极端天气条件或出于安全考虑不能正常使用户外游戏空间时，可以用大而开放的室内空间，如用大肌肉运动室作为替代。

	水平 1 指标	水平 3 指标	水平 5 指标	支持性证据/逸事
第 1 行	□没有户外游戏区。 **示例：** – 没有允许婴幼儿锻炼大肌肉运动技能的空间。 – 没有替代性的大肌肉运动室（如标题下“注”中所述）。	□附近有一个户外游戏区。 **示例：** – 婴幼儿可步行或照护者可推着婴儿车到附近的运动场。 – 有带屋顶的户外长廊。 – 有一个大肌肉运动室（如标题下“注”中所述），里面有可移动的运动器材，如球、推拉玩具和骑行玩具等。	□很容易从室内游戏区和照护空间进入户外游戏区。 **示例：** – 婴幼儿所在的室内有通向运动场的门。 – 婴幼儿步行或婴儿被抱着穿过走廊，到运动场。 – 有一个大肌肉运动室（如标题下“注”中所述），内部有东西可以攀爬，比如阁楼和攀爬架；有可移动的运动器材，如球、骑行玩具、泡沫、小汽车、推拉玩具、降落伞、旋转木马和船。	注：(1) 如果勾选了水平 1，则计 1 分，其余行不用填写；(2) 如果天气不允许婴幼儿和照护者外出，请检核上面的“未被观察或未报告到”条目。

I. 学习环境

根据第 7 页的评分规则，圈出该条目的一个指标等级。

1　2　3　4　5

I-F.（续）

□如果未被观察或未报告到，请在这里打钩。

	水平 1 指标	水平 3 指标	水平 5 指标	支持性证据/逸事
第 2 行	□户外游戏区域空间有限，每名婴幼儿不足 50 平方英尺[①]。 **示例：** - 游戏区是建筑物旁边的一片草坪。	□每名婴幼儿大约有 51—99 平方英尺[②]的户外游戏空间。 **示例：** - 空间中设备和器材过度拥挤。 - 婴幼儿互相碰撞。 - 活动场地上的任何位置都可能放置器材。 - 一名婴幼儿滑着滑板车在攀爬架前经过。	□户外游戏区为婴幼儿提供了充足的自由探索和活动空间，每名婴幼儿至少有 100 平方英尺[③]的空间。户外场地被划分成了不同的游戏区域。 **示例：** - 有骑行/移动玩具区、沙水区、攀爬区、荡秋千区。 - 有一片让婴儿躺在毯子上的区域，这片区域远离可以行动的婴幼儿。 - 为残疾婴幼儿提供充足的活动空间，他们可以在活动场地上自由地活动。	注：(1) 通过脚步丈量运动场的宽度和长度，计算出面积，并除以当日户外婴幼儿数（长度×宽度÷婴幼儿数＝每个婴幼儿的空间）；(2) 如果勾选了水平 1，则计 1 分，其余行不用填写。

① 50 平方英尺≈4.65 平方米。——译者注

② 51—99 平方英尺≈4.74—9.20 平方米。——译者注

③ 100 平方英尺≈9.29 平方米。——译者注

I. 学习环境

I-F.（续）

根据第 7 页的评分规则，圈出该条目的一个指标等级。

1　2　3　4　5

□如果未被观察或未报告到，请在这里打钩。

	水平 1 指标	水平 3 指标	水平 5 指标	支持性证据/逸事
第 3 行	□婴幼儿与通道、过路人和（或）稍大的婴幼儿之间没有屏障，或没有充足的屏障。 **示例：** - 没有围栏。 - 有低矮的围栏。	□婴幼儿与通道、过路人和（或）稍大的婴幼儿之间有充足的屏障。 **示例：** - 有常规高度的带护墙板的链式围栏。	□户外游戏区域是封闭的，远离交通道路。 **示例：** - 高高的木制或乙烯基塑料围栏阻挡了通道和（或）过路人。 - 活动场地周围的建筑物阻挡了视线，例如，它可能是校园中间或建筑物旁边的空间。	

I. 学习环境

I-F.（续）

根据第 7 页的评分规则，圈出该条目的一个指标等级。

1　2　3　4　5

□如果未被观察或未报告到，请在这里打钩。

	水平 1 指标	水平 3 指标	水平 5 指标	支持性证据/逸事
第 4 行	□户外游戏区域/设施不安全。 **示例：** – 设施状况不佳并且（或）对这个年龄段的婴幼儿来说很危险。 – 活动场地上的危险物品不常清理。 – 栅栏或大门未上锁。 – 可移动器材对婴幼儿来说不安全。 – 所有年龄班使用相同的活动场地和设施。 – 活动场地面太热，不利于婴儿和正在游戏的学步儿爬行。	□户外游戏区域安全。 **示例：** – 定期对活动场上的设备和地面上可能存在的危险进行检查。 – 学步儿使用的设施是为学前儿童设计的。 – 婴儿和学步儿相分离，但学步儿和学前儿童使用同一个活动场。	□为婴儿和学步儿设计的户外游戏区域安全且维护良好。 **示例：** – 定期检查设施是否存在危险。 – 每天都要检查游戏区域是否存在瓶罐、动物尸体、垃圾等危险物品。 – 围栏/大门是紧锁的。 – 可移动的运动器材对婴儿和学步儿来说是安全的，且每天都有检查。 – 婴儿和学步儿分开活动，并有适合其年龄的设施。	提问：你的户外游戏区域是如何维护的？多久检查一次是否存在危险？

I. 学习环境

I-F.（续）

根据第 7 页的评分规则，圈出该条目的一个指标等级。

1　2　3　4　5

□如果未被观察或未报告到，请在这里打钩。

	水平 1 指标	水平 3 指标	水平 5 指标	支持性证据/逸事
第 5 行	□没有供婴幼儿使用的户外游戏器材或设施。	□户外游戏区域的空间、设施和器材适合开展一些户外游戏。 **示例：** – 有用于跑步、摇摆、滚动/踢球、使用推拉玩具的空间、设施和器材。	□户外游戏区域包括了可移动的和固定的设施，以及适于开展各种游戏的器材。 **示例：** – 可移动设施包括：推拉玩具、球、透明圆形罩、三轮车等骑乘玩具、旋转木马、隧道。 – 固定设施和器材包括：沙子和水、秋千、滑梯、攀爬结构、隧道。 – 有给残疾婴幼儿使用的设施。	
第 6 行	□地面没有缓冲。 **示例：** – 秋千、滑梯和攀爬架下是草地和（或）水泥地。	□地面有一些缓冲。	□在秋千、滑梯和攀爬架下都有缓冲。 **示例：** – 有细沙或粗沙、橡胶垫、木条。	□如果活动场地上没有秋千、攀爬架或其他大型设施，请标记“不适用”。

I. 学习环境

I-F.（续）

根据第 7 页的评分规则，圈出该条目的一个指标等级。

1　　2　　3　　4　　5

□如果未被观察或未报告到，请在这里打钩。

	水平 1 指标	水平 3 指标	水平 5 指标	支持性证据/逸事
第 7 行	□没有草坪。	□草坪太小且（或）不经常修剪。 **示例：** – 草和野草过度生长。	□草坪经常修剪，婴幼儿可以在上面躺、滚、爬、走、跑。	
第 8 行	□没有阴凉处。 **示例：** – 建筑物只为室内婴幼儿提供阴凉。 – 地面对爬行的婴幼儿来说太热。	□建筑物和（或）遮阳篷提供了一些阴凉。 **示例：** – 户外在上午时有阴凉，但在下午时没有阴凉的空间。 – 有时拉出遮阳篷防止地面变热。	□树木、灌木、门廊和（或）遮阳篷提供了充足的阴凉。 **示例：** – 建筑物使户外活动时间一直保持阴凉。 – 户外一直有防止地面变热的遮阳篷。	

画一张户外游戏空间图

II. 一日流程和常规

II-A. 一日流程是可预测且灵活的。

根据第 7 页的评分规则，圈出该条目的一个指标等级。

1　　2　　3　　4　　5

□如果未被观察或未报告到，请在这里打钩。

	水平 1 指标	水平 3 指标	水平 5 指标	支持性证据/逸事
第 1 行	□日常活动和保育常规缺乏组织；这些环节在一日内或相邻的两日中随机发生。	□围绕保育常规组织一日生活： • 用餐时间 • 身体保育 • 午睡时间 **示例：** – 有时照护者会组织一项艺术活动，或在有时间的时候带婴幼儿到户外。 – 照护者对每日活动的时间安排有时不一致。 – 混龄婴幼儿或学步儿的照护者有时会使用常规环节的名称。	□围绕规定的日常活动组织一日生活： • 入园和离园 • 选择时间 • 可以行动的婴儿和学步儿的集体活动时间 • 户外活动时间 一日内包含以下保育常规： • 用餐时间 • 身体保育 • 午睡时间 **示例：** – 常规具有一致性和灵活性，围绕婴幼儿个体的发育节奏展开；一日流程中始终包括所有事务和常规。	

II. 一日流程和常规

II-A.（续）

根据第 7 页的评分规则，圈出该条目的一个指标等级。

1　2　3　4　5

□如果未被观察或未报告到，请在这里打钩。

	水平 1 指标	水平 3 指标	水平 5 指标	支持性证据/逸事
			- 如果当天的时间安排有变动，会在条件允许的情况下提前通知家长和婴幼儿。例如，下雨的时候，婴幼儿将去大肌肉运动室，以此代替户外活动。 - 混龄婴幼儿和学步儿的照护者全天都会使用常规环节的名称："几分钟后是清理时间。""埃莉，记住：去完卫生间后是户外活动时间。"	

II. 一日流程和常规

II–A. （续）

根据第 7 页的评分规则，圈出该条目的一个指标等级。

1　　2　　3　　4　　5

□如果未被观察或未报告到，请在这里打钩。

	水平 1 指标	水平 3 指标	水平 5 指标	支持性证据/逸事
第 2 行	□没有张贴一日流程图。	□有张贴供家长或婴幼儿浏览的一日流程图。 **示例：** – 教师的柜子上贴着简短的一日流程图，家长公告板上贴着详细的计划。 – 一日流程图由日常活动各部分的示意图组成，贴在墙上，供婴幼儿查看。	□有张贴供家长浏览的一日流程图，在婴幼儿可以看到的低矮位置也张贴了供稍大婴儿和学步儿浏览的一日常规图。 **示例：** – 照护者会在一日常规的每个环节中给婴幼儿拍照，然后为照片配上每项流程的名称贴到墙上。 – 凯莉爬到墙周围，指着一张自己在午餐时间吃东西的照片。	注：在婴儿班内，只要有张贴供家长查看的流程图即可勾选水平 5。（提供给婴儿的流程图不是必需的。）

II. 一日流程和常规

II–A. （续）

根据第 7 页的评分规则，圈出该条目的一个指标等级。

1　　2　　3　　4　　5

□如果未被观察或未报告到，请在这里打钩。

	水平 1 指标	水平 3 指标	水平 5 指标	支持性证据/逸事
第 3 行	□教师从不提及常规。	□教师有时会和婴幼儿提及并谈论常规中的各个环节。 **示例：** – 教师会告知婴幼儿清理时间和户外活动时间，但不会谈论小组活动时间或大组活动时间。	□教师全天都向婴幼儿提及并与他们谈论常规。 **示例：** – “奥马里亚，让我们去看看吃完加餐后该干什么。” – 在摇晃着给南森喂食时，照护者会说：“你喝完奶后就是午睡时间了。” – 由于外边在下雨，在早餐时间，教师会和婴幼儿谈论去大肌肉运动室，以此来代替户外活动。	

II-A. （续）

根据第 7 页的评分规则，圈出该条目的一个指标等级。

1　2　3　4　5

□如果未被观察或未报告到，请在这里打钩。

	水平 1 指标	水平 3 指标	水平 5 指标	支持性证据/逸事
第 4 行	□所有婴幼儿的一日流程完全相同。 **示例：** - 午睡时间前，要使犯困的婴幼儿一直保持清醒。 - 所有婴幼儿在同一时间进行过渡。	□有时会根据婴幼儿的个体需要调整一日流程。 **示例：** - 照护者会为在选择时间睡着的婴幼儿搬出一张小床。 - 婴幼儿会在早餐和午餐前同一时间排队洗手，但在选择时间，他们会轮流刷牙和上卫生间。	□全天都会根据婴幼儿的个体需要、节奏和气质调整一日流程。 **示例：** - 格蕾丝吃了一些午餐后躺到了她的小床上，当其他婴幼儿吃饭、游戏和洗手时，她已经睡着了。 - 婴儿在计划中的喂食时间前就开始哭闹，照护者会提前给他喂奶。 - 在午睡时间，一些婴幼儿会很快入睡，而另一些婴幼儿则会一直看书，直到睡着。 - 照护者会重叠活动，让完成当前活动的婴幼儿先开始下一项活动，而其他婴幼儿则继续完成他们正在做的事。	

II. 一日流程和常规

II–A.（续）

根据第 7 页的评分规则，圈出该条目的一个指标等级。

1　2　3　4　5

☐如果未被观察或未报告到，请在这里打钩。

	水平 1 指标	水平 3 指标	水平 5 指标	支持性证据/逸事
			– 当婴幼儿结束户外活动回到班级时，照护者会允许他们观察几分钟飞过的鸭子。 – 一名学步儿不想去洗手间，照护者就说她先去检查其他婴幼儿，然后再轮到他。	
第 5 行	☐婴幼儿不能主动发起或自由地探索动作、材料和（或）其他人。 **示例：** – 没有睡觉的婴幼儿会被限制在婴幼儿围栏、吊篮、婴儿座椅、学步车或婴儿床里。 – 在吊篮或座椅上睡着的婴幼儿不会被抱起来或放到婴儿床上。 – 婴儿被喂饱后，即使在哭，也会被长时间地放在高脚椅上。	☐在一天内的某些时间（如，选择时间、户外活动时间），婴幼儿能主动发起活动，并自由地探索动作、材料和（或）其他人。 **示例：** – 有时婴幼儿会在高脚椅、婴儿床或吊篮上待一段时间，但当他们哭闹时就会被带走。 – 有些婴幼儿会花时间待在跳跳椅、学步车和摇椅上。	☐婴幼儿全天都能主动发起活动，并自由地探索动作、材料和（或）其他人。 **示例：** – 在睡醒时间，照护者会给婴儿和尚不能行动的婴儿用于探索的宝箱和（或）各种材料。 – 在学步儿吃午餐时，照护者将索菲亚放到地板上对着镜子的一条毯子上。	

II. 一日流程和常规

II-A.（续）

根据第 7 页的评分规则，圈出该条目的一个指标等级。

1　　2　　3　　4　　5

□如果未被观察或未报告到，请在这里打钩。

水平 1 指标	水平 3 指标	水平 5 指标	支持性证据/逸事
- 婴幼儿被从一种类型的婴儿座椅上转移到另一种类型的婴儿座椅上（从跳跳椅到吊篮，到高脚椅）。 - 可以行动的婴幼儿被留在有内置座椅的桌前，直到照护者把他们抱出来。 - 学步儿主要进行成人指导的活动。	- 在选择时间和户外活动时间，学步儿能自由探索。但在艺术活动和晨圈时间，他们要遵循照护者的指示。	- 稍大的婴儿，兰登，坐在地板上，探索木制的汤匙和锡罐。 - 婴幼儿每天在摇椅、跳跳椅、学步车、吊篮、婴儿座椅或婴幼儿围栏中，或在不睡觉、不吃饭时待在婴儿床或高脚椅上的总时长不超过75分钟。 - 哭闹的婴幼儿会被立即带离座位。 - 高脚椅或摇椅在很短的一段时间内被用作婴儿的“安全空间”。 - 在集体活动时间，稍大的婴儿和学步儿会按照自己的节奏及发展水平参与活动。	

II. 一日流程和常规

根据第 7 页的评分规则，圈出该条目的一个指标等级。

1　　2　　3　　4　　5

II-B. 关注婴幼儿及其家长入园和离园的舒适感。

□如果未被观察或未报告到，请在这里打钩。

	水平 1 指标	水平 3 指标	水平 5 指标	支持性证据/逸事
第 1 行	□婴幼儿的入园和（或）离园是匆忙的或突然的。 **示例：** – 即使婴幼儿在哭闹，家长也会把婴幼儿送到后立即离开。	□婴幼儿的入园和（或）离园有时是从容不迫的。 **示例：** – 鼓励婴儿或稍大婴儿的家长待到他们的孩子已适应环境，但不鼓励学步儿的家长留下来，即使他们的孩子在哭。 – 当婴幼儿在游戏时，一位家长迅速走进来，抱起孩子准备离园。	□婴幼儿的入园和离园都是从容不迫的。 **示例：** – 家长和婴幼儿建立起一种清晨入园的仪式，例如和孩子一起玩或讲一个故事，然后说再见。 – 在入园时间，照护者向婴幼儿提供材料，以帮助婴幼儿融入环境。 – 家长送婴幼儿入园时，婴幼儿可以自由地探索和游戏。 – 家长在接婴幼儿时，会与照护者交谈。 – 一位爸爸来接他的孩子，在准备让孩子回家之前，他会花几分钟和婴幼儿一起玩沙子。	

II. 一日流程和常规

II–B. （续）

根据第 7 页的评分规则，圈出该条目的一个指标等级。

1　2　3　4　5

□如果未被观察或未报告到，请在这里打钩。

	水平 1 指标	水平 3 指标	水平 5 指标	支持性证据/逸事
第 2 行	□婴幼儿不会收到问候和（或）道别。 **示例：** – 照护者忙于日常工作，不跟婴幼儿打招呼。 – 婴幼儿被忽视。	□婴幼儿有时会收到问候和道别。 **示例：** – 当照护者注意到或不忙的时候，他们会回应婴幼儿的入园或离园。	□婴幼儿会收到平静、安心的问候和道别。 **示例：** – 一名婴儿正与伊莎贝拉玩的时候，她的照护者悄悄地告诉她，她妈妈来接她回家了，然后说："再见，明天见！" – 在婴幼儿入园、离园时，照护者会跟他们逐一打招呼，即使照护者正有其他事要做。	

II. 一日流程和常规

II–B. （续）

根据第 7 页的评分规则，圈出该条目的一个指标等级。

1　2　3　4　5

□如果未被观察或未报告到，请在这里打钩。

	水平 1 指标	水平 3 指标	水平 5 指标	支持性证据/逸事
第 3 行	□分离和重聚时，难过的婴幼儿没有得到安慰。 **示例：** – 婴幼儿被忽视，或被要求停止哭泣。	□分离和重聚时，难过的婴幼儿有时会得到安慰。 **示例：** – 照护者在入园时间会安慰婴幼儿，但不关照婴幼儿的离园。 – 奥马里亚在她妈妈走出班级时哭了，此时照护者正在给另一个婴幼儿换尿布。照护者换完尿布，又完成另一项任务后，走过来抱起奥马里亚。照护者抱着奥马里亚，在她身边放了一些玩具。	□分离和重聚时，难过的婴幼儿的感受能得到认同（例如：“妈妈去上班的时候你很难过。”）；只要需要，婴幼儿就会得到安慰（被抱着、摇晃、轻抚或讲故事）。 **示例：** – 艾伦在爸爸放下他转身离开时哭了。他的照护者正在给另一个婴幼儿换尿布，但她察觉到了艾伦的感受。她一换完尿布就抱起他摇晃着，直到他安定下来。	提问：当婴幼儿因与家长分离或重聚而难过时，你会怎么做？
第 4 行	□家长不会收到问候和（或）道别。 **示例：** – 家长被忽视。	□家长有时会收到问候和道别。	□家长会收到平静、安心的问候和道别。 **示例：** – 照护者和家长以口头和书面的形式交换信息，并分享对婴幼儿的观察。	

II. 一日流程和常规

II–B. （续）

根据第 7 页的评分规则，圈出该条目的一个指标等级。

1　2　3　4　5

□如果未被观察或未报告到，请在这里打钩。

	水平 1 指标	水平 3 指标	水平 5 指标	支持性证据/逸事
			– 会问候每位家长，叫出他们的名字。	
第 5 行	□在分离和重聚时，无法感知到家长的痛苦。 **示例：** – 照护者不与家长交谈。	□在分离和重聚时，有时会感知到家长的痛苦。 **示例：** – 当照护者有空闲并注意到家长时，他们会与家长交谈，并认可他们的感受。	□在分离和重聚时，能够感知到家长的痛苦。 **示例：** – “当你更想和伊莱待在这儿的时候，去上班对你来讲很困难。” – “你急着回家，但小莫想带你去看他新搭的积木。” – 注意到诺亚的妈妈在离园时间仍坐在地板上和他游戏，他的照护者说：“今天早上你走得匆忙，诺亚没能来得及跟你玩。”	提问：当家长因与婴幼儿分离或重聚而痛苦时，你会怎么做？

II. 一日流程和常规

根据第 7 页的评分规则，圈出该条目的一个指标等级。

1　2　3　4　5

II-C. 选择时间（游戏时间、睡醒时间）集中用于婴幼儿发起的探索和游戏。

□如果未被观察或未报告到，请在这里打钩。

	水平 1 指标	水平 3 指标	水平 5 指标	支持性证据/逸事
第 1 行	□婴幼儿没有日常的选择时间或游戏时间，或者选择时间贯穿全天。 **示例：** – 在一天内大多数时间，婴儿坐在跳跳椅、摇椅、吊篮里，学步儿则坐在桌边。 – 全天都是选择时间，婴幼儿无目的地闲逛，经常发生冲突，因为没有其他的安排。	□婴幼儿有时有选择时间或游戏时间，（或）选择时间太短或太长。 **示例：** – 在选择时间，婴儿被限制在吊篮上或座位里。 – 张贴的流程中有选择时间，但没有执行。 – 学步儿的选择时间太短（15—20 分钟）或太长（让婴幼儿变得焦躁不安，出现冲突）。	□对婴幼儿来说，选择时间或游戏时间始终是一日生活的一部分，且婴幼儿的行动决定选择时间的长短。 **示例：** – 在睡醒时间，婴儿会接触照护者或各种材料。 – 学步儿能够在选择时间参与假装游戏。 – 当婴幼儿失去兴趣或开始闲逛时，照护者会提前结束选择时间。	注：如果勾选了水平 1，则计 1 分，其余行不用填写。

II. 一日流程和常规

II-C.（续）

根据第 7 页的评分规则，圈出该条目的一个指标等级。

1　2　3　4　5

□如果未被观察或未报告到，请在这里打钩。

	水平 1 指标	水平 3 指标	水平 5 指标	支持性证据/逸事
第 2 行	□婴幼儿在选择/游戏时间没有做出任何选择。 **示例：** – 婴幼儿被限制在围栏、吊篮和摇椅上。 – 婴幼儿主要回应或执行成人发起的活动，如教师在美术桌、积木区和（或）玩具桌上计划的项目或活动。 – 婴幼儿看电视和（或）视频。	□婴幼儿能够在选择/游戏时间做一些选择。 **示例：** – 在选择时间的一些节点上，每名婴幼儿都参与了一个计划好的艺术活动。 – 仅部分区域可用，没有沙子或水。 – 一名学步儿想要马克笔，但照护者告诉他：“今天不行。” – 有时婴儿明明可以被放在地板上自由地移动他们的身体，并探索放置在他们周边的材料，可他们却被放在座位上。	□婴幼儿能在选择/游戏时间做出许多选择，进行独立探索和自主游戏，他们能够决定： • 探索或玩什么； • 如何探索或游戏； • 在哪里探索和游戏（所有区域都可用）； • 如何移动。 **示例：** – 可以行动和尚不能行动的婴儿被给予各种材料去探索和游戏。 – 尤兰达（一名婴儿）坐在她的照护者旁边，从宝物篮里挑选不同的物品——瓶刷、大贝壳、木勺、锡罐，放进嘴里。	

II. 一日流程和常规

II–C.（续）

根据第 7 页的评分规则，圈出该条目的一个指标等级。

1　2　3　4　5

□如果未被观察或未报告到，请在这里打钩。

	水平 1 指标	水平 3 指标	水平 5 指标	支持性证据/逸事
			– 婴幼儿从架子上取下材料，按照自己的方式使用。 – 学步儿玛利亚和伊娃在娃娃家玩娃娃，泰勒和马里奥在积木区玩汽车。 – 稍大的学步儿坚持完成他们的计划。	
第 3 行	在稍大的学步儿班内 □稍大的学步儿在一天内任何时间都不与照护者交流自己的选择（计划），不谈论（回顾）自己做了什么。	在稍大的学步儿班内 □稍大的学步儿有时在一天内的部分时间与照护者交流自己的选择（计划），（或）谈论（回顾）自己做了什么。 **示例：** – 不是这个年龄段的所有婴幼儿都被问及他们的计划，或他们在一天内做了什么。	在稍大的学步儿班内 □稍大的学步儿全天都与照护者交流自己的选择（计划），谈论（回顾）自己做了什么。 **示例：** – 在选择时间开始时，照护者会在婴幼儿选择活动时与他们交谈："塞尔达，你今天想玩什么？"	□如所有婴幼儿都未满 24 个月，请标记"不适用"。 提问：你跟稍大的学步儿如何一起计划和回顾？

II. 一日流程和常规

II-C. （续）

根据第 7 页的评分规则，圈出该条目的一个指标等级。

1　2　3　4　5

□如果未被观察或未报告到，请在这里打钩。

	水平 1 指标	水平 3 指标	水平 5 指标	支持性证据/逸事
		- 照护者问婴幼儿想做什么，但未与他们交流一天内做过什么。 - 照护者说：“杰丽卡，你今天选择和娃娃们一起玩。”	- 当照护者和学步儿一起清理时，他们会点评自己所观察到的婴幼儿在选择时间里使用的物品。 - 午餐时间，照护者询问每名婴幼儿，他或她在选择时间玩了什么。 - 午餐时间，照护者与婴幼儿谈论他们在户外活动时间做了什么。 - 照护者与 2 岁婴幼儿一起做口头计划和回顾。随着学年的进展，在婴幼儿准备好后，就可以将正式的计划和回顾时间加入每日流程。	

II. 一日流程和常规

II–D. 身体护理常规中允许婴幼儿进行选择。

根据第 7 页的评分规则，圈出该条目的一个指标等级。

1　　2　　3　　4　　5

□如果未被观察或未报告到，请在这里打钩。

	水平 1 指标	水平 3 指标	水平 5 指标	支持性证据/逸事
第 1 行	□在身体护理常规中，婴幼儿不主动参与或做出选择。	□在身体护理常规中，婴幼儿有时主动参与或做出选择。 **示例：** – 午餐后，婴幼儿没有权利选择换尿布/去卫生间，因为照护者想让婴幼儿午睡。 – 到了换尿布时间，萨马尔想拿着娃娃，但照护者说她需要把娃娃放在架子上。 – 一名婴幼儿不想去卫生间，但照护者坚持让她去。	□婴幼儿全天都能在身体护理常规中主动参与和做出选择。 **示例：** – 在换尿布时间，婴幼儿可以选择拿一块干净的尿布、袜子或毛巾；和照护者玩躲猫猫；照照镜子中的自己；走到或被抱到尿布台上；和照护者一起唱歌。 – 刚学会使用马桶的学步儿可以选择坐在便盆还是马桶上。	

II. 一日流程和常规

II–D. （续）

根据第 7 页的评分规则，圈出该条目的一个指标等级。

1 2 3 4 5

□如果未被观察或未报告到，请在这里打钩。

	水平 1 指标	水平 3 指标	水平 5 指标	支持性证据/逸事
第 2 行	□在没有预告的情况下进行身体保育；照护者不会在进行身体保育前提醒婴幼儿。 **示例：** – 照护者突然抱起婴儿去换尿布。	□照护者有时会在进行身体保育前提醒婴幼儿。 **示例：** – 一名照护者在没有预告的情况下抱起婴儿去换尿布，而另一名照护者则提前告知。 – 当婴幼儿流鼻涕或脸上有脏东西时，照护者会在没有预告的情况下为他们清洗鼻子和脸。	□照护者全天都会在进行身体保育前提醒婴幼儿，告知他们需要进行的保育环节，如有必要，在身体保育开始之前，会给婴幼儿留一些准备时间。 **示例：** – “道格拉斯，过几分钟我来给你换尿布。” – “玛拉，该去卫生间了。你是想看完这本书呢，还是让我把它放在柜子上，等去完卫生间再继续看？” – “凯莱布，你在流鼻涕——让我拿点纸巾来给你擦鼻子。”（她拿来纸巾。）“我现在给你擦鼻子。”	

II. 一日流程和常规

II–D.（续）

根据第 7 页的评分规则，圈出该条目的一个指标等级。

1　2　3　4　5

□如果未被观察或未报告到，请在这里打钩。

	水平 1 指标	水平 3 指标	水平 5 指标	支持性证据/逸事
第 3 行	□在身体护理常规中，不鼓励婴幼儿自己做事。 **示例：** – 照护者为婴幼儿做所有事情，因为这样更快。	□在身体护理常规中，有时鼓励婴幼儿自己做事。 **示例：** – 户外活动结束后，照护者会为婴幼儿洗手，这样他们就可以在午餐时间迅速把婴幼儿带到餐桌前。 – 在饭后，照护者为稍小的婴幼儿洗脸洗手，并取下他们的围兜，稍大的婴幼儿则自行洗脸洗手并取下围兜。 – 在去卫生间时，朗达脱下裤子，擦了擦屁股，然后提起裤子，但教师帮助了其他婴幼儿。	□在身体护理常规中，全天都会鼓励婴幼儿自己做事。 **示例：** – 婴幼儿自己穿上/脱下衣服和鞋子，洗/擦干自己的脸和手，上、下马桶，开、关水龙头，拿纸巾，刷牙，擦鼻子。	

II. 一日流程和常规

II-E. 从一个有趣活动到下一个活动的过渡流畅。

根据第 7 页的评分规则，圈出该条目的一个指标等级。

1　　2　　3　　4　　5

□如果未被观察或未报告到，请在这里打钩。

	水平 1 指标	水平 3 指标	水平 5 指标	支持性证据/逸事
第 1 行	□ 婴幼儿在过渡时间没有选择。 **示例：** - 婴幼儿在被告知的同时就要立刻停止游戏，开始清理。 - 小组中全体婴幼儿一起从一个活动过渡到下一个活动。	□婴幼儿有时能在过渡时间做选择。 **示例：** - 婴幼儿可以选择带一个毛绒玩具去换尿布。 - 婴幼儿边唱歌边等待洗手。 - 一些婴幼儿可以选择清理什么。 - 有时婴幼儿可以选择进入下一个活动的身体移动方式。	□ 婴幼儿能在过渡时间做选择。 **示例：** - 婴幼儿选择如何从房间一端移动到另一端，清理什么，以及如何把清理的物品放到架子上。 - 当其他婴幼儿已完成集体活动在洗手时，凯拉继续绘画。 - 杰登和佩奇选择像蜘蛛一样爬到午餐桌旁。	

II. 一日流程和常规

II-E.（续）

根据第 7 页的评分规则，圈出该条目的一个指标等级。

1　　2　　3　　4　　5

□如果未被观察或未报告到，请在这里打钩。

	水平 1 指标	水平 3 指标	水平 5 指标	支持性证据/逸事
第 2 行	□照护者突然从一个活动过渡到另一个活动。 **示例：** – 在喂食时间，婴儿被抱起并放在座位上。	□照护者有时会告诉婴幼儿接下来要做什么。 **示例：** – 选择时间快结束时，照护者会提醒婴幼儿该清理了。 – 在户外活动时间，婴幼儿被抱起来，并被告知回班的时间到了。 – 在没有任何预告的情况下，婴儿加布里埃尔被带到高脚椅上吃午餐。 – 照护者会提前告知学步儿，他们需要洗手，准备吃午餐。	□照护者全天都会提前告诉婴幼儿，接下来要做什么。 **示例：** – 照护者告诉婴儿，现在是他的喝奶时间，并在加热奶瓶时告诉婴儿自己正在做什么。 – 学步儿听到音乐时，照护者会告诉他们，即将开始清理时间。	

II. 一日流程和常规

根据第 7 页的评分规则，圈出该条目的一个指标等级。

1　2　3　4　5

II-E.（续）

□如果未被观察或未报告到，请在这里打钩。

	水平 1 指标	水平 3 指标	水平 5 指标	支持性证据/逸事
第 3 行	□婴幼儿需要等待活动和（或）保育常规开始。 **示例：** – 学步儿在开始下一个活动前要排队等待。 – 照护者在所有婴幼儿都坐下并准备好后才开始下一个活动。	□婴幼儿有时按照自己的节奏进入下一个活动或保育常规。 **示例：** – 有时照护者会提前计划婴幼儿的过渡时间，比如让婴幼儿像小狗一样跳着去卫生间。 – 小婴儿和可以行动的婴儿被放在婴儿车里，抬着进出活动场地，即使运动场的门就在门厅对面。 – 有时婴幼儿被催促进入当天的下一个环节。	□婴幼儿按照自己的节奏进入下一个活动或保育常规。 **示例：** – 照护者将活动重叠，让婴幼儿可以按照自己的节奏改变活动。 – 照护者为婴幼儿安排不同的过渡方式，例如让婴幼儿在听到自己的名字时就移动，像动物一样移动、唱歌。 – 照护者在日常课程计划中记录了过渡计划。 – 结束户外活动时，会爬行的婴幼儿、学步儿和能独立行走的婴幼儿会自己从运动场回到班级。	

II-E.（续）

根据第 7 页的评分规则，圈出该条目的一个指标等级。

1　2　3　4　5

□如果未被观察或未报告到，请在这里打钩。

	水平 1 指标	水平 3 指标	水平 5 指标	支持性证据/逸事
第 4 行	在混龄班和学步儿班内 □婴幼儿不参与清理。	在混龄班和学步儿班内 □婴幼儿在清理过程中会被管理和（或）催促。 **示例：** - 照护者将物品放到婴幼儿手中，并让婴幼儿将其放到架子上。 - 照护者将玩具从婴幼儿身边拿走，并按正确的方式放到架子上。 - 清理前教师告知婴幼儿清理开始，然后与部分婴幼儿一同完成清理。	在混龄班和学步儿班内 □婴幼儿按照自己的方式/节奏清理，并受到照护者的鼓励和支持。 **示例：** - 婴幼儿可以选择什么该被收起来。 - 当哈里森向照护者展示装满了汽车的篮子时，照护者说："你把所有的汽车都放好了。" - 照护者允许婴幼儿参与清理工作：照护者拿着塑料瓶，迪伦一个一个地把盖子拿起来，放进瓶子里。 - 选择时间，在拿出其他东西之前，照护者鼓励并协助婴幼儿先将玩具放好。 - 在婴幼儿午睡或离园后，照护者整理架子并完成清理。	□如果是婴儿班，请标记"不适用"。

II. 一日流程和常规

根据第 7 页的评分规则，圈出该条目的一个指标等级。

1　2　3　4　5

II-F. 用餐时间以婴幼儿为中心，从容不迫。

□如果未被观察或未报告到，请在这里打钩。

	水平 1 指标	水平 3 指标	水平 5 指标	支持性证据/逸事
第 1 行	□婴儿喝奶时没有人帮着拿奶瓶。 **示例：** - 婴儿躺着，从一个支撑在一旁的奶瓶里喝奶。 - 当喂一个躺在地板上的婴幼儿时，照护者还抱着另一个婴儿，婴儿从一旁支起的奶瓶里喝奶。	□婴儿喝奶时照护者有时帮着拿奶瓶。 **示例：** - 当婴儿需要喂奶时，主要照护者会喂她。 - 能拿着奶瓶的婴幼儿自己喝奶，并且有时在房间里走来走去。	□婴儿的奶瓶总是由一名主要照护者拿着，照护者对婴儿给予了密切的关注。 **示例：** - 照护者在喂婴儿时与其交谈。 - 德斯蒙德的主要照护者在其喝奶时一边摇晃他，一边给他唱歌。	□如果没有用奶瓶喂奶的婴幼儿，请标记"不适用"。
第 2 行	□时间允许的情况下，家长不可以或不被鼓励在机构中给婴幼儿母乳喂养/奶瓶喂奶。	□时间允许的情况下，家长偶尔会在机构中给婴幼儿母乳喂养/奶瓶喂奶。 **示例：** - 没有独立的母乳喂养/奶瓶喂奶空间。 - 家长有时可以给婴幼儿母乳喂养/奶瓶喂奶。	□时间允许的情况下，家长定期并被鼓励在机构中给婴幼儿母乳喂养/奶瓶喂奶。 **示例：** - 有一个独立的、安静的区域，有房间供两组家长与婴幼儿进行母乳喂养/奶瓶喂奶。 - 照护者与每天都进行母乳喂养/奶瓶喂奶的家长联系，以协调喂奶时间。	□如无母乳喂养/奶瓶喂奶的婴幼儿，请标记"不适用"。 提问：机构允许家长进行母乳喂养/奶瓶喂奶吗？如果允许，多久一次？偶尔，还是定期？

II. 一日流程和常规

II-F.（续）

根据第 7 页的评分规则，圈出该条目的一个指标等级。

1　　2　　3　　4　　5

☐如果未被观察或未报告到，请在这里打钩。

	水平 1 指标	水平 3 指标	水平 5 指标	支持性证据/逸事
第 3 行	☐婴幼儿不自己吃饭。 **示例：** – 照护者给婴幼儿喂食，这样餐后清洁会更容易。 – 即使婴儿能够自己拿奶瓶，照护者也会替他们拿奶瓶。	☐婴幼儿有时自己吃饭。 **示例：** – 照护者只允许那些不把环境弄得一团糟的婴幼儿自己吃饭。 – 学步儿自己用餐，但照护者给稍大的婴儿喂食。	☐婴幼儿总被鼓励自己吃饭。 **示例：** – 用汤匙吃饭的婴儿在照护者喂他们时也能拿着自己的勺子，如当塔伊翁用勺子挖碗中的胡萝卜时，照护者说："塔伊翁，你正在用你的勺子吃饭。" – 婴儿艾莉拿着她的奶瓶，她的照护者摇着她说："艾莉，你今天自己拿着奶瓶。" – 学步儿塔尼亚正用勺子盛玉米粒到她的盘子里，照护者让她完成后把碗递给贾马尔。塔尼亚照做后，照护者说："塔尼亚，谢谢你把玉米粒递给贾马尔。"	

II. 一日流程和常规

II-F.（续）

根据第 7 页的评分规则，圈出该条目的一个指标等级。

1　　2　　3　　4　　5

□如果未被观察或未报告到，请在这里打钩。

	水平 1 指标	水平 3 指标	水平 5 指标	支持性证据/逸事
第 4 行	□婴幼儿不能选择吃什么和（或）吃多少。 **示例：** - 照护者决定婴幼儿吃什么和拿什么喂他们。 - 当照护者喂稍大的婴儿时，婴儿转过头，但照护者仍在喂她。	□婴幼儿有时可以选择吃什么和（或）吃多少。 **示例：** - 早餐时，婴幼儿可以选择想吃什么，但午餐时，他们必须吃照护者给他们的东西。 - 凯莉被告知要吃完所有的青豆才能离开餐桌。	□婴幼儿可以选择吃什么和吃多少。 **示例：** - 海莉在早餐吃松饼之前先吃葡萄。 - E. J. 喝光自己的牛奶后再吃麦片。 - 潘妮在盘子里剩了一些食物，说："我吃完了。"照护者说她可以将盘子里的残余倒掉后去洗碗。	提问：婴幼儿在用餐时间能选择自己想吃什么吗?
第 5 行	□喂食和（或）用餐时间很匆忙。 **示例：** - 婴幼儿还在吃东西时，照护者快速从餐桌上拿走食物。	□喂食和（或）用餐时间有时是从容不迫的。 **示例：** - 早餐时，婴幼儿按自己的节奏进餐。但午餐时，婴幼儿被催促吃完，这样他们就可以躺下午睡。	□喂食和用餐时间是从容不迫的。婴幼儿按照自己的节奏吃饭，用餐时长各不相同。 **示例：** - 照护者主动与婴幼儿交谈。 - 照护者在婴幼儿吃饭时读书，以保持他们的注意力，直到大多数婴幼儿吃完为止。	

II. 一日流程和常规

II–F.（续）

根据第 7 页的评分规则，圈出该条目的一个指标等级。

1　2　3　4　5

□如果未被观察或未报告到，请在这里打钩。

	水平 1 指标	水平 3 指标	水平 5 指标	支持性证据/逸事
第 6 行	□婴幼儿很少在用餐时间与照护者互动。 **示例：** – 照护者在忙于其他工作。 – 照护者监督婴幼儿用餐，但不加入他们。	□婴幼儿在用餐时间与照护者有短暂的互动。 **示例：** – 照护者问婴幼儿是否想要更多的食物。 – 照护者有时与婴幼儿坐在一起或坐在他们身后，引导婴幼儿用餐。 – 一名教师和婴幼儿谈论他们的一天，而另一名教师只询问婴幼儿是否想要吃更多还是吃完了。	□婴幼儿和照护者在用餐时间坐在一起，他们在与彼此的互动和交流中表现得非常愉悦。 **示例：** – 照护者面带笑容，观察并专注地倾听婴幼儿。 – 照护者与婴幼儿交谈。 – 当需要拿东西或帮助婴幼儿时，照护者会离开餐桌。	

II. 一日流程和常规

II-F.（续）

根据第 7 页的评分规则，圈出该条目的一个指标等级。

1　2　3　4　5

□如果未被观察或未报告到，请在这里打钩。

	水平 1 指标	水平 3 指标	水平 5 指标	支持性证据/逸事
第 7 行	□无论婴幼儿饿不饿，都会按时喂食/用餐。	□即使是在指定的喂食或用餐时间之外，有时婴幼儿饿了也会进行喂食/用餐。 **示例：** – 早晨迟到的婴幼儿可以吃加餐，但午餐前饿了的婴幼儿需要等待。	□即使在指定的喂食或用餐时间之外，婴幼儿饿了也会进行喂食/用餐。 **示例：** – 婴儿按需用餐。 – 照护者有富余的水果、麦片或饼干，用来给那些在非用餐时间感到饥饿的婴幼儿加餐。	提问：当婴幼儿在指定的喂食或用餐时间之外感到饥饿，他们是否能得到喂食？如果是，多久一次？有时？还是经常？
第 8 行	在混龄班和学步儿班内 □婴幼儿不参与餐前准备和餐后清理工作。	在混龄班和学步儿班内 □婴幼儿有时参与餐前准备和（或）餐后清理工作。 **示例：** – 婴幼儿协助餐后清理，但不参与餐前准备工作。	在混龄班和学步儿班内 □婴幼儿参与餐前准备和餐后清理工作，而且这种做法会得到支持。 **示例：** – 亨利把杯子扔进垃圾桶，照护者说：“谢谢你把杯子放进桶里！” – 特伦斯帮忙把盘子和叉子放在桌子中间，用于午餐使用。	□如果是婴儿班，请标记“不适用”。

II. 一日流程和常规

II-G. 可以行动的婴儿和学步儿的集体活动时间是灵活的、动态的，关注婴幼儿的行为、想法和兴趣。

根据第 7 页的评分规则，圈出该条目的一个指标等级。

1　　2　　3　　4　　5

□如果未被观察或未报告到，请在这里打钩。

注：(1) 集体活动时间被定义为小组和大组的聚集活动，通常是有计划的，但偶尔是自发的。(2) 集体活动时间包括与动手操作材料、音乐和律动有关的活动。

	水平 1 指标	水平 3 指标	水平 5 指标	支持性证据/逸事
第 1 行	□可以行动的婴儿和学步儿没有每日的集体活动时间。 **示例：** - 婴幼儿被限制在座位上。 - 在保育常规之间，婴幼儿一天内持续进行自由游戏。	□可以行动的婴儿和学步儿有时会有集体活动时间。 **示例：** - 不是每天都有集体活动时间。 - 仅安排全体活动时间（whole-group time）。	□可以行动的婴儿和学步儿每天都有集体活动时间（小组和大组活动）。 **示例：** - 婴幼儿在小组活动时间涂贝壳。 - 午餐前，所有的婴幼儿聚在一起唱歌。 - 在选择时间，一小组婴幼儿玩球和水桶。 - 婴幼儿在全体活动时间随着音乐挥动围巾。	□如果班级内只有 0—6 个月大的婴儿，请标记“不适用”，其余行不用填写。 注：如果勾选了水平 1，则计 1 分，其余行不用填写。

II. 一日流程和常规

II-G.（续）

根据第 7 页的评分规则，圈出该条目的一个指标等级。

1 2 3 4 5

□如果未被观察或未报告到，请在这里打钩。

	水平 1 指标	水平 3 指标	水平 5 指标	支持性证据/逸事
第 2 行	□婴幼儿在集体活动时间不能做选择。 **示例：** – 照护者替婴幼儿选择如何使用材料。 – 婴幼儿按照护者的指示唱歌。	□婴幼儿在集体活动时间能做一些选择。 **示例：** – 照护者允许阿玛里从他的篮子里选择蓝色的车，但告诉他必须驾驶汽车，而不能到处乱飞。 – 西娅拉选择了《巴士轮子转呀转》这首歌，她想先唱“妈妈们”这个小节，但照护者告诉她要“按照歌词顺序唱”。	□婴幼儿在集体活动时间中能做很多选择： • 如何探索和使用材料 • 如何沟通 • 坐在哪里和（或）站在哪里 • 如何移动 • 唱什么 • 如何唱歌 **示例：** – 在小组活动时间，照护者会给婴幼儿一套材料，让他们按照自己的想法使用。 – 婴幼儿随着音乐按照自己的想法摆动身体。 – 在大组活动中，婴幼儿按自己的方式坐着。	

II. 一日流程和常规

II-G. （续）

根据第 7 页的评分规则，圈出该条目的一个指标等级。

1　2　3　4　5

□如果未被观察或未报告到，请在这里打钩。

	水平 1 指标	水平 3 指标	水平 5 指标	支持性证据/逸事
第 3 行	□婴幼儿不能以自己的方式使用提供的材料。 **示例：** - 照护者让婴幼儿做一个作品，比如兔子或花。 - 婴幼儿按照照护者的指导或光盘上的指示，随着音乐摆动身体。	□婴幼儿有时能以自己的方式使用提供的材料。 **示例：** - 在小组活动时间，婴幼儿可以以任意自己想要的方式使用乐高。但在大组活动中，婴幼儿必须按照教师引导的方式来唱歌。	□所有婴幼儿都能以自己的方式使用提供的材料。 **示例：** - 在使用水和画笔时，娜塔莉亚拿画笔砰砰地敲桌子。 - 在随着音乐使用沙锤的同时，莱纳斯模仿着其他婴幼儿挥舞沙锤的样子，在空中挥舞沙锤。 - 本随着快节奏的音乐使劲地晃动身体。	

II. 一日流程和常规

II-G.（续）

根据第 7 页的评分规则，圈出该条目的一个指标等级。

1　　2　　3　　4　　5

□如果未被观察或未报告到，请在这里打钩。

	水平 1 指标	水平 3 指标	水平 5 指标	支持性证据/逸事
第 4 行	□婴幼儿的行动和兴趣无法决定集体活动的时长。 **示例：** - 照护者坚持让婴幼儿在所有孩子完成活动之前不要离开。	□婴幼儿的行动和兴趣有时能决定集体活动的时长。 **示例：** - 婴幼儿做完小组活动后可以离开，但在大组活动结束时，所有婴幼儿都必须留下来唱歌。	□婴幼儿的行动和兴趣决定了集体活动时长。婴幼儿探索和玩材料的时长各不相同。 **示例：** - 学步儿可以自由地从一个小组移到另一个小组。 - 婴幼儿可以选择不参加大组活动。 - 当婴幼儿开始失去兴趣时，照护者停止集体活动。	

II. 一日流程和常规

根据第 7 页的评分规则，圈出该条目的一个指标等级。

1　　2　　3　　4　　5

II-H. 户外活动时间提供了基于自然的感知觉运动学习机会。

□如果未被观察或未报告到，请在这里打钩。

注：(1) 如果在一日流程中有安排户外活动时间但未观察到，则按水平 1 计分。(2) 在极端天气条件或出于安全考虑不能正常使用户外游戏空间时，可以用大而开放的室内空间，如用大肌肉运动室作为替代。(3) 如果观察是在异常天气或其他特殊情况下进行的，则勾选“未被观察或未报告到”。

	水平 1 指标	水平 3 指标	水平 5 指标	支持性证据/逸事
第 1 行	□没有每日户外活动时间。	□对于一些婴幼儿来说，户外活动时间有时是一日生活的一部分。 **示例：** - 尚不能行动的婴儿不会被带到户外，但可以行动的婴儿和学步儿在午餐前时间充足时会有户外活动。	□户外活动时间是全体婴幼儿一日生活的一部分。 **示例：** - 照护者每天带婴儿到户外。在寒冷的天气里，婴儿们被裹得严严实实地出去散步，可以行动的婴儿和学步儿会到户外活动一小段时间。 - 在炎热的天气里，照护者可以把尚不能行动的婴儿带出去，把他们放在阴凉处的毯子上，而可以行动的婴儿和学步儿则在阴凉处或洒水喷头处游戏。	注：如果勾选了水平 1，则计 1 分，其余行不用填写。

II. 一日流程和常规

根据第 7 页的评分规则，圈出该条目的一个指标等级。

1　2　3　4　5

II–H.（续）

□如果未被观察或未报告到，请在这里打钩。

	水平 1 指标	水平 3 指标	水平 5 指标	支持性证据/逸事
第 2 行	□婴幼儿在户外活动时间没有选择机会。 **示例：** – 对于婴儿和尚不能行动的婴幼儿，坐婴儿车外出是唯一的户外活动方式。 – 学步儿只能走路或玩教师引导的游戏。	□婴幼儿在户外活动时间有一些选择机会。 **示例：** – 有时婴儿被放在阴凉处的毯子上。 – 学步儿可以骑三轮脚踏车，爬攀爬架，玩球。	□婴幼儿在户外活动时间有许多选择机会。 **示例：** – 婴幼儿可以翻滚、爬行、匍匐前进、四处走动、学步、行走、攀爬、跑步、踩踏板、挖掘、涂画、假装、搭建、泼洒、交谈、骑行、摇摆、滑动、推、拉、进入下面或内部。	
第 3 行	□户外活动时，照护者不鼓励婴幼儿用所有感官去探索材料。 **示例：** – 草是唯一可供探索的材料。 – 照护者不带可移动的材料到户外。	□户外活动时，照护者鼓励婴幼儿用所有感官去探索一些材料。 **示例：** – 在户外，尚不能行动的婴儿不使用沙子和水，而是躺在毯子上探索照护者给他们的玩具。	□户外活动时，照护者鼓励婴幼儿用所有感官去探索自然材料和游戏材料。 **示例：** – 婴幼儿拾、闻、拿和投小木棍、大石头、树叶和蒲公英。 – 婴幼儿可以在沙子和（或）水里玩，在草地上爬。	

根据第 7 页的评分规则，圈出该条目的一个指标等级。

1　2　3　4　5

□如果未被观察或未报告到，请在这里打钩。

	水平 1 指标	水平 3 指标	水平 5 指标	支持性证据/逸事
		– 有时照护者会让学步儿只玩三轮脚踏车，或指示他们待在柏油路上，例如雨后。	– 照护者携带供婴幼儿使用和（或）躺卧的材料，如毯子、垫子、球、球棒、铲子、水桶、泡沫、积木和自行车。 – 婴幼儿可以去运动场上的任何地方，使用任何可接触到的材料。	
第 4 行	□户外活动时，婴幼儿不与照护者互动或游戏。 **示例：** – 照护者监督婴幼儿的安全，但不参与他们的游戏。	□户外活动时，婴幼儿有时与照护者互动和游戏。 **示例：** – 照护者监督婴幼儿的安全，有时参与他们的游戏，例如推他们荡秋千。	□户外活动时，婴幼儿与照护者互动和游戏。 **示例：** – 照护者监督婴幼儿的安全，并参与他们的游戏。 – 照护者与学步儿萨米和内维亚玩追逐游戏。 – 照护者和可以行动的婴儿伊马尼坐在地上，跟她一起玩传球游戏。 – 一组学步儿和照护者一起把脚踩进沙子里。	

II. 一日流程和常规

根据第 7 页的评分规则，圈出该条目的一个指标等级。

1 2 3 4 5

II–H.（续）

□如果未被观察或未报告到，请在这里打钩。

	水平 1 指标	水平 3 指标	水平 5 指标	支持性证据/逸事
第 5 行	在婴儿班和混龄班内 □尚不能行动和可以行动的婴儿所有的户外活动时间都发生在婴幼儿围栏、婴儿车、学步车、吊篮或手推车内。 **示例：** – 玛利亚每天都推着婴儿车，带着她照护的婴幼儿在附近散步。	在婴儿班和混龄班内 □尚不能行动和可以行动的婴儿有一部分的户外活动时间发生在婴幼儿围栏、婴儿车、学步车、吊篮或手推车内。 **示例：** – 每隔一天，照护者会用婴儿车带婴幼儿出去散步。	在婴儿班和混龄班内 □尚不能行动和可以行动的婴儿只有少量户外活动时间或没有户外活动时间是在婴幼儿围栏、婴儿车、学步车、吊篮或手推车内进行。 **示例：** – 婴儿车只在特殊情况下使用，例如带着尚不能行动的婴儿散步，带着婴幼儿进出机构，或者在非常寒冷的天气外出时。 – 户外活动时，婴儿被放在阴凉处的毯子上，以探索和移动他们的身体；可以行动的婴儿可以围着运动场爬行、快走和翻滚。	□如果是学步儿班，请标记“不适用”。

II. 一日流程和常规

根据第 7 页的评分规则，圈出该条目的一个指标等级。

1 2 3 4 5

II-1. 午睡时间能够适应婴幼儿睡眠和休息的个体需要。

□如果未被观察或未报告到，请在这里打钩。

	水平 1 指标	水平 3 指标	水平 5 指标	支持性证据/逸事
第 1 行	□所有婴幼儿被安排在同一时间午睡和醒来，且（或）婴幼儿在睡觉时没有教师的视线监督。 **示例：** – 在混龄班，年龄较小和较大的婴幼儿都采用同样的流程，被安排在同一时间午睡。 – 使用婴幼儿监控设备，而不是由照护者用视线监督婴幼儿，因为他们睡在独立的房间。	□有时婴幼儿根据他们自己的生物钟睡着和醒来。 **示例：** – 午餐后，照护者先把要睡着的婴幼儿放下睡觉，但所有的婴幼儿都在同一时间被叫醒。	□即使婴幼儿在固定的午睡时间之外感到疲惫，他们也可以小憩或休息，然后会自己醒来；所有睡着的婴幼儿都受到教师的视线监控或监督，不论他们是睡在同一个房间还是单独的房间。 **示例：** – 丹妮尔在选择时间睡着了，照护者抱起她，把她放到她的垫子上。 – 当过渡到午睡时间时，那些困了的婴幼儿先睡觉，其他婴幼儿听照护者讲故事。 – 钱达在佩塔睡着的时候揉她的背。 – 苏珊哄乔茜在摇椅上睡觉。	提问：如果婴幼儿在午睡时间外感到疲惫，你会怎么做？婴幼儿如何从午睡时间醒来？

II. 一日流程和常规

II-I.（续）

根据第 7 页的评分规则，圈出该条目的一个指标等级。

1　　2　　3　　4　　5

□如果未被观察或未报告到，请在这里打钩。

	水平 1 指标	水平 3 指标	水平 5 指标	支持性证据/逸事
第 2 行	□睡着的婴幼儿听到吵闹的音乐。 **示例：** – 婴儿和学步儿在午睡时听到吵闹的音乐。	□睡着的婴幼儿有时会听到柔和的音乐。 **示例：** – 当其他婴幼儿游戏时，为睡着的婴儿播放吵闹的音乐。 – 有时轻声地为午睡的学步儿播放音乐。	□睡着的婴幼儿听到柔和的音乐或听不到音乐。 **示例：** – 午睡时，睡着的婴儿听到轻音乐或没有音乐。 – 总是轻声为午睡的学步儿播放音乐。 – 婴幼儿一睡觉，音乐就会被关掉。 – 学步儿伴随着照护者讲的故事入睡。 – 婴儿和学步儿伴着轻柔的音乐入睡。	

II. 一日流程和常规

II-I.（续）

根据第 7 页的评分规则，圈出该条目的一个指标等级。

1　2　3　4　5

□如果未被观察或未报告到，请在这里打钩。

	水平 1 指标	水平 3 指标	水平 5 指标	支持性证据/逸事
第 3 行	在婴儿班和混龄班内 □在完全睡醒甚至已经烦躁的时候，尚不能行动和可以行动的婴儿仍被留在婴儿床上 10 分钟或更长时间。 **示例：** – 婴幼儿摇晃婴儿床的一边。 – 婴幼儿把玩具扔到婴儿床外面。 – 婴幼儿在婴儿床里哭泣。	在婴儿班和混龄班内 □尚不能行动和可以行动的婴儿在完全睡醒后，有时会很快被抱出婴儿床。 **示例：** – 贾马尔从上午的小憩中醒来并开始哭泣，他的照护者把他抱起来，放到地板上。	在婴儿班和混龄班内 □尚不能行动和可以行动的婴儿一完全睡醒就被抱出婴儿床，被问候、拥抱、变换姿势。 **示例：** – 当南茜走过去接布莱克时，她说：“我看到你了，布莱克。你醒了。我希望你睡了个好觉！”	□如果是学步儿班，请标记“不适用”。

II. 一日流程和常规

根据第 7 页的评分规则，圈出该条目的一个指标等级。

1　　2　　3　　4　　5

II–I.（续）

□如果未被观察或未报告到，请在这里打钩。

	水平 1 指标	水平 3 指标	水平 5 指标	支持性证据/逸事
第 4 行	在混龄班和学步儿班内 □在午睡时间，不睡觉的婴幼儿躺在自己的小床/垫子上。 **示例：** – 当其他婴幼儿睡着时，格雷戈里翻来覆去，从他的小床上掉了下来。照护者让他安静地躺在自己的床上。	在混龄班和学步儿班内 □在午睡时间，不睡觉的婴幼儿在自己的小床/垫子上看书。 **示例：** – 当婴幼儿无法入睡或早醒时，照护者会给他们书，并告诉他们可以安静地在床上看书。	在混龄班和学步儿班内 □在午睡时间，不睡觉和早起的婴幼儿在自己的小床/垫子上及（或）指定的游戏区域内玩他们自己选择的物品。 **示例：** – 戴文很早就从午睡中醒过来了，她的照护者说："戴文，你今天醒得早。在我们等待其他孩子醒来的时候，你愿意玩动物农场和积木吗?"然后，他们在一张远离熟睡婴幼儿的桌子上游戏。	□如果是婴儿班，请标记"不适用"。 提问：你如何对待那些无法入睡或早醒的婴幼儿?

请完成以下两列信息

张贴的一日流程和常规	实际的一日流程和常规

III. 成人-婴幼儿互动

根据第 7 页的评分规则，圈出该条目的一个指标等级。

1 2 3 4 5

III-A. 婴幼儿与照护者之间的关系是长期的。

□如果未被观察或未报告到，请在这里打钩。

	水平 1 指标	水平 3 指标	水平 5 指标	支持性证据/逸事
第 1 行	□每个婴幼儿都由不断变化的照护者来照护。 **示例：** – 婴幼儿每天都不知道会由哪位照护者照顾他们。	□每个婴幼儿每天都由同一组照护者照护。 **示例：** – 婴幼儿的照护者不变，但没有一个主要照护者。	□每个婴幼儿每天都由同一主要照护者和同一组照护者照护。每名主要照护者被分配去照护特定的婴幼儿，包括和他们的家长交流。 **示例：** – 每个照护组都安排了一个固定的替代照护者。	提问：你是否每天都负责同一个特定的婴幼儿小组？组内有多少婴幼儿？你是这些婴幼儿的主要照护者，还是与其他照护者一起照顾他们？ 注：(1) 如果勾选了水平 1，则计 1 分，其余行不用填写。(2) 如果只有一名照护者，请为此行勾选水平 5。
第 2 行	□为每个婴幼儿都分配了一名主要照护者，但没有考虑到婴幼儿的偏好或气质。 **示例：** – 婴幼儿哭闹着要找另一个照护者，但他只能由进入机构时分配的照护者照护。	□有时会根据每个婴幼儿的偏好和气质分配主要照护者。 **示例：** – 仅在婴幼儿进入机构的头几天内考虑其偏好，（或）会根据婴幼儿的偏好使其在不同的主要照护者之间来回转换。	□每个婴幼儿都能有时间表现出对主要照护者的偏好，而且每个婴幼儿的气质与主要照护者的气质相契合。 **示例：** – 进入机构两周后，斯蒂芬妮更喜欢协同照护者，所以分配该协同照护者作为斯蒂芬妮的主要照护者。	□如果只有一个照护者，请标记“不适用”。 提问：如何为婴幼儿分配主要照护者？

III. 成人-婴幼儿互动

III-A. （续）

根据第 7 页的评分规则，圈出该条目的一个指标等级。

1　2　3　4　5

□如果未被观察或未报告到，请在这里打钩。

	水平 1 指标	水平 3 指标	水平 5 指标	支持性证据/逸事
		- 当一个婴幼儿被转移给一组新的照护者和（或）有一个新的婴幼儿加入时，会将婴幼儿分配给有空位的照护者，且婴幼儿没有优先选择权。	-如果新来的婴幼儿更喜欢协同照护者而不是他（或她）的主要照护者，他（或她）可以与一个已经待了很长时间、与两名教师都建立了安全依恋的婴幼儿互换主要照护者。（“新”指的是一个婴幼儿刚进入机构或刚换了新的班级和一组新的照护者。）	
第 3 行	□每个婴幼儿照护者或照护组都保持不到一年。 **示例：** - 婴幼儿每 6 个月进入另一个班级，接触新的照护者。 - 照护者每年都在更换。	□每个婴幼儿照护者或照护组都能保持一年或更久。 **示例：** - 当稍大的婴儿开始走路时，他们被转入另一个班级给新的照护者。 - 有时照护者每年都会更换，例如当新的照护者需要培训时。	□在婴幼儿待在婴儿-学步儿教育机构期间，每个婴幼儿都拥有固定的主要照护者和照护组。 **示例：** - 照护者和婴幼儿每年一起从一个班级转入另一个班级，直到婴幼儿进入幼儿园；或者同样的照护者和婴幼儿待在同一个班级，直到婴幼儿进入幼儿园。 - 照护组每年都在一起工作。	提问：在婴幼儿进入下一个班级或更换照护者之前，你会照护他们多久？

III. 成人–婴幼儿互动

III–B. 婴幼儿与照护者建立信任关系。

根据第 7 页的评分规则，圈出该条目的一个指标等级。

1　2　3　4　5

□如果未被观察或未报告到，请在这里打钩。

	水平 1 指标	水平 3 指标	水平 5 指标	支持性证据/逸事
第 1 行	□照护者不会触摸、抱婴幼儿和（或）与其讲话，或者粗暴、匆忙、冷漠地触摸、抱他们和（或）与其讲话。 **示例：** – 哭闹的婴幼儿被忽视，或被抱起放到座位上。 – 照护者催促婴幼儿完成任务。 – 婴幼儿在没有任何预示的情况下被抱走。	□照护者有时会专心、从容不迫地轻抚、抱婴幼儿和（或）与其讲话。 **示例：** – 婴儿被照护者抱着，一边讲着话一边喂奶，但学步儿自己在餐桌上吃饭。 – 午睡时间后，当学步儿不安地醒来时，照护者会简短地抱抱他，然后把他放到椅子上，任他继续哭泣。	□照护者全天都会以一种温暖、专注、轻松的方式轻抚、抱婴幼儿和与其讲话。 **示例：** – 婴幼儿入园、离园时的感受被理解，他们被照护者牵着或引导着走向或离开家长。 – 在选择时间，照护者在地板上陪伴婴幼儿游戏，或与婴幼儿一起游戏。 – 照护者在把婴幼儿抱起来之前，会与婴幼儿谈论他们在做什么。	

III. 成人–婴幼儿互动

III–B. （续）

根据第 7 页的评分规则，圈出该条目的一个指标等级。

1　　2　　3　　4　　5

□如果未被观察或未报告到，请在这里打钩。

	水平 1 指标	水平 3 指标	水平 5 指标	支持性证据/逸事
第 2 行	□婴幼儿在与照护者的互动中没有表现出愉悦。 **示例：** – 当照护者与婴幼儿互动时，婴幼儿会转身/走开、哭泣或表示不满。	□婴幼儿在与照护者的互动中有时表现出愉悦。 **示例：** – 婴幼儿在选择时间和集体活动时间微笑和大笑，但在身体护理、喂食和用餐时间哭泣并表现得很沮丧。	□婴幼儿在与照护者的互动中全天都表现出愉悦。 **示例：** – 婴幼儿全天都对着照护者微笑、大笑，与照护者交谈和拥抱。 – 在午睡时间，西恩娜举起双臂，让照护者抱起她，摇晃她入睡。 – 在户外活动时间，一个婴儿在照护者与她玩躲猫猫时咕咕叫，咯咯笑。	

III. 成人–婴幼儿互动

III–B. （续）

根据第 7 页的评分规则，圈出该条目的一个指标等级。

1　2　3　4　5

□如果未被观察或未报告到，请在这里打钩。

	水平 1 指标	水平 3 指标	水平 5 指标	支持性证据/逸事
第 3 行	□当婴幼儿要求、示意或请求得到关注时，他们没有得到照护者的关注。 **示例：** – 婴幼儿被忽视。 – 照护者正忙于其他工作，没有注意到婴幼儿的微妙暗示。	□当婴幼儿要求、示意或请求得到关注时，他们有时会得到照护者的关注。 **示例：** – 在户外活动时间，照护者和尚不能行动的婴幼儿坐在地上聊天，当科比想让照护者推秋千时，照护者只有在结束了和其他照护者的交谈后才会过来。 – 当照护者在准备食物时，哭闹或寻求帮助的婴幼儿会被告知照护者会在准备好食物后过来："阿玛丽，我知道你需要有人来陪你，但你要等到我准备好早餐才行。""山姆，我的手已经洗干净了，我正在准备午餐，在我帮你之前，你得先做点别的事。"	□当婴幼儿要求、示意或请求得到关注时及在探索、游戏中停下来时，他们全天都会得到照护者的关注。 **示例：** – 在选择时间，当兰登哭着去他的小柜子里拿毯子时，他的主要照护者走过去对他说："你很难过，是因为你想妈妈了。" – 在集体活动时间，海莉开始躺在地板上揉眼睛。她的主要照护者抱起她来说："你真的累了，对吧？" – 午餐后，卡米拉想喝奶，她的照护者利亚娜停止清理桌子，为卡米拉加热奶瓶，并一边喂她一边摇晃她入睡。另一个照护者在得空时把桌子打扫干净了。	

III. 成人-婴幼儿互动

III-B.（续）

根据第 7 页的评分规则，圈出该条目的一个指标等级。

1　　2　　3　　4　　5

□如果未被观察或未报告到，请在这里打钩。

	水平 1 指标	水平 3 指标	水平 5 指标	支持性证据/逸事
第 4 行	□婴幼儿不主动与照护者互动。 **示例：** - 婴幼儿倾向于独自游戏，如果他们是学步儿，会一起玩。	□婴幼儿有时会主动与照护者互动。 **示例：** - 当婴幼儿需要东西时，他们会去找照护者，如在选择时间，杰伦指着蜡笔，照护者就把蜡笔放到桌子上，并给他一张纸。 - 在选择时间或集体活动时间，婴幼儿与照护者一起坐在地板上，婴幼儿会与照护者互动。	□婴幼儿全天都主动与照护者互动。 **示例：** - 在入园时间，温迪爬过去，坐在希尔达的腿上。 - 在户外活动时间，杰罗姆带来一个球给艾丽西娅，说："我们一起玩？" - 在选择时间，达雷尔拉他的照护者的裤腿，并高举他的手臂。 - 在选择时间，贾维斯把两辆车拿给照护者，他们一起在地板上驾驶。	

III. 成人–婴幼儿互动

III–B. （续）

根据第 7 页的评分规则，圈出该条目的一个指标等级。

1　2　3　4　5

□如果未被观察或未报告到，请在这里打钩。

	水平 1 指标	水平 3 指标	水平 5 指标	支持性证据/逸事
第 5 行	□婴幼儿和照护者不按照婴幼儿的节奏互动。 **示例：** – 照护者在一日常规的每个环节都催促婴幼儿。	□婴幼儿和照护者有时按照婴幼儿的节奏互动。 **示例：** – 在选择、户外活动和集体活动时间，照护者按照婴幼儿的节奏与他们互动，但是在过渡、用餐和清理时间，照护者会催促婴幼儿。	□婴幼儿和照护者全天都按照婴幼儿的节奏互动。 **示例：** – 在去到户外时，照护者让婴幼儿按照自己的速度从走廊和楼梯上走到和爬行到运动场。 – 当婴幼儿从午睡中醒来时，照护者会给那些想自己穿袜子和鞋子的学步儿一些时间。 – 在过渡时间，照护者允许较慢的婴幼儿按照自己的节奏行动，而其他婴幼儿则为下一环节做好准备。	

III. 成人–婴幼儿互动

III–B. （续）

根据第 7 页的评分规则，圈出该条目的一个指标等级。

1　2　3　4　5

☐如果未被观察或未报告到，请在这里打钩。

	水平 1 指标	水平 3 指标	水平 5 指标	支持性证据/逸事
第 6 行	☐婴幼儿仅能听到照护者关于自己和他人的负面评价。 **示例：** –“萨姆，你把事情弄得一团糟——萨姆总是把事情弄得一团糟。” –“咪咪是个爱咬人的孩子。” –照护者在提及婴幼儿的脏尿布时，会给婴幼儿贴标签，而且会引起大家注意：“好吧，谁拉的便便？有人臭臭！”“哈罗德，你拉便便的时候总是有股臭味。”	☐婴幼儿能听到一些关于自己和他人的正面和负面评价。 **示例：** –“佩奇，你真是个好帮手。” –“我总是要把埃里克拽出卫生间，因为他喜欢在水池里玩水。” –有时照护者会提醒婴幼儿注意自己的脏尿布：“耶利米，你闻起来臭臭的，我们去给你换尿布吧。”	☐婴幼儿全天仅听到照护者关于自己和他人的正面评价。 **示例：** –“山姆和卡丽喜欢画画。” –“咪咪，咬咬牙胶会使你的牙龈感觉更好。” –“安迪，你喜欢把积木堆起来，然后推倒。” –照护者以尊重的态度对待婴幼儿的脏尿布：“谢里亚，你有一块便便尿布，我们需要给你换尿布，这样你就能重新变得清爽了。”	

III. 成人–婴幼儿互动

根据第 7 页的评分规则，圈出该条目的一个指标等级。

1　　2　　3　　4　　5

III–C. 婴幼儿与其照护者合作。

□如果未被观察或未报告到，请在这里打钩。

	水平 1 指标	水平 3 指标	水平 5 指标	支持性证据/逸事
第 1 行	□照护者没有与婴幼儿在同一高度，一起探索或游戏。 **示例：** – 照护者站着与婴幼儿交谈。 – 照护者从不和婴幼儿一起坐在地板上。	□照护者有时与婴幼儿在同一高度，一起探索或游戏。 **示例：** – 在集体活动时间，照护者坐在桌边的吉米身旁；在选择时间，照护者坐在摇椅上，而婴幼儿在她周围的地板上游戏。	□照护者全天都与婴幼儿在同一高度，一起探索或游戏。 **示例：** – 在户外活动时间，一个照护者与婴儿拉内尔一起躺在毯子上交谈。 – 在集体活动时间，照护者迈拉和正在堆积木的塞勒斯一起坐在地板上。 – 午餐后，奥马里和他的照护者一起坐在图书区的垫子上看书。	

III. 成人–婴幼儿互动

III–C.（续）

根据第 7 页的评分规则，圈出该条目的一个指标等级。

1　2　3　4　5

□如果未被观察或未报告到，请在这里打钩。

	水平 1 指标	水平 3 指标	水平 5 指标	支持性证据/逸事
第 2 行	□在婴幼儿游戏或探索时，照护者没有观察或倾听他们。 **示例：** – 照护者忽视婴幼儿。 – 在婴幼儿游戏时，照护者彼此交谈。	□在婴幼儿游戏或探索时，照护者有时会在旁边观察或倾听。 **示例：** – 在户外活动时间，教师们观察婴幼儿在做什么；在选择时间，教师们在婴幼儿游戏时给他们换尿布、打扫房间。 – 一个婴幼儿向照护者寻求帮助，但照护者让他去找其他照护者，因为她正在准备午餐。	□在婴幼儿游戏或探索时，照护者始终会在旁边观察或倾听。 **示例：** – 在选择时间，卡米尔推车时发出汽车的声音，他的照护者模仿其动作，发出同样的声音。 – 在午餐时间，马修的照护者一直在观察马修拿杯子喝水，随后说："马修，你完全靠自己喝到了水。"	

III. 成人–婴幼儿互动

根据第 7 页的评分规则，圈出该条目的一个指标等级。

1　2　3　4　5

III–C.（续）

□如果未被观察或未报告到，请在这里打钩。

	水平 1 指标	水平 3 指标	水平 5 指标	支持性证据/逸事
第 3 行	□婴幼儿和照护者不会通过手势、声音和（或）话语进行交流、对话。 **示例：** – 照护者和婴幼儿之间不说话。	□婴幼儿和照护者有时会通过手势、声音和（或）话语进行交流、对话。 **示例：** – 在午餐时间，照护者与婴幼儿坐在一起，与他们交谈；在入园时间，莉娅进来时谈论着自己的新鞋子，但照护者继续摆桌子，以准备活动。	□婴幼儿和照护者全天都通过手势、声音和（或）话语进行有来有往的交流与对话。 **示例：** – 在选择时间，当亨利指着积木架时，照护者杰西卡用手势比划着“更多”，并说：“你是想要更多的积木吗？” – 在给加布里埃尔换尿布的时候，加布里埃尔咕咕叫，她的照护者也对着她咕咕叫。	

III. 成人–婴幼儿互动

III–C.（续）

根据第 7 页的评分规则，圈出该条目的一个指标等级。

1　　2　　3　　4　　5

□如果未被观察或未报告到，请在这里打钩。

	水平 1 指标	水平 3 指标	水平 5 指标	支持性证据/逸事
第 4 行	□在全天里，婴幼儿会听到照护者许多严厉的指令。 **示例：** –“伊莱，把它从你的嘴里拿出来！” –“到这儿来！” –“你现在去洗手！” –“把它放到盒子里。”	□在全天里，婴幼儿有时会听到照护者严厉的指令。 **示例：** –在午餐时间，杰里米把土豆泥捏在手里，他的照护者说：“停下来，杰里米！”	□在全天里，婴幼儿很少听到照护者的指令，并且都不严厉。 **示例：** –照护者用一种愉快的、从容不迫的语气说：“该洗手了，我们去卫生间吧。” –“你可以拿本书，带到你的小床上。” –“我们准备到户外去了，所以穿上你们的外套。” –“请温柔地触摸。” –“凯西，那是用来画画的，不能放到嘴里。”	

III. 成人–婴幼儿互动

III–C.（续）

根据第 7 页的评分规则，圈出该条目的一个指标等级。

1　　2　　3　　4　　5

□如果未被观察或未报告到，请在这里打钩。

	水平 1 指标	水平 3 指标	水平 5 指标	支持性证据/逸事
第 5 行	□在全天里，婴幼儿很少或根本听不到照护者对其行为、兴趣、想法和感受的认可和评价。	□在全天里，婴幼儿能听到一些照护者对其行为、兴趣、想法和感受的认可和评价。 **示例：** – 有时照护者会对婴幼儿在选择时间和集体活动时间做的事情进行评价。	□在全天里，婴幼儿能听到很多照护者对其行为、兴趣、想法和感受的直接认可和评价。 **示例：** –“我明白了！” –“噢，我的天！” –“那是一大滴颜料。” –“你见到约瑟夫真高兴！” –“我很想知道，你在用积木搭什么？” –“看，你让它站起来了！” –“你在指着那根长绳子。” –“妈妈来了，你很兴奋。” –“我看到了微笑，你一定很喜欢这些香蕉！”	

III. 成人–婴幼儿互动

III–D. 婴幼儿能实现自己的意图。

根据第 7 页的评分规则，圈出该条目的一个指标等级。

1　2　3　4　5

□如果未被观察或未报告到，请在这里打钩。

	水平 1 指标	水平 3 指标	水平 5 指标	支持性证据/逸事
第 1 行	□婴幼儿很少被鼓励追求自己的兴趣、发挥主动性或解决问题，且（或）总是被敦促做一些他们尚不能及的事。 **示例：** – 照护者说：“不行，拉基沙，我去把架子上的娃娃给你拿下来。” – 照护者说：“让我来帮你剪纸吧。” – 照护者拉着婴幼儿的手，引导婴幼儿走直线。	□婴幼儿有时被鼓励追求自己的兴趣、发挥主动性和解决问题。 **示例：** – 婴幼儿只能在选择时间和户外活动时间追求自己的兴趣。 – 在一部分集体活动时间，婴幼儿能追求自己的兴趣。 – 有时照护者介入太快，用材料解决婴幼儿的问题，而没有给婴幼儿时间去自己寻找解决问题的办法。	□婴幼儿全天都被鼓励追求自己的兴趣、发挥主动性和解决问题。 **示例：** – 在选择时间，布雷克说他想要红色的汽车，然后去积木区把消防车从架子上拿了下来。 – 梅根走到画架前，拿起画笔开始作画。 – 乔斯林试了三次才把一块拼图摆对位置，然后她停下来，把拼图倒转过来，成功拼了进去。 – 在选择时间，当婴儿米娅伸手去拿一个软球时，球滚走了。她的照护者在观察她是否会移动身体去够球，结果她确实那样做了。	

III. 成人–婴幼儿互动

III–D.（续）

根据第 7 页的评分规则，圈出该条目的一个指标等级。

1　　2　　3　　4　　5

□如果未被观察或未报告到，请在这里打钩。

	水平 1 指标	水平 3 指标	水平 5 指标	支持性证据/逸事
第 2 行	□婴幼儿很少被允许做他们能自己做和（或）想自己做的事情。 **示例：** – 照护者没有给予婴幼儿时间自己解决个人需要，例如自己穿衣服。 – 阿列沙想要拿自己的纸，但照护者说：“别动，阿列沙，我来。”	□婴幼儿有时被允许做他们能自己做和（或）想自己做的事情。 **示例：** – 在用餐时间，婴幼儿可以扔掉自己没吃完的东西；午睡时间过后，照护者在没有婴幼儿帮助的情况下给他们穿好衣服。 – 在集体活动时间，婴幼儿自己使用胶水，但教师为他们剪纸。	□婴幼儿全天都可以做他们能自己做和（或）想自己做的事情。 **示例：** – 杰弗里说：“我来。”然后自己穿上了鞋。 – 阿米亚走到卫生间，去换了尿布。 – 凯拉自己刷牙，自己用纸巾擦嘴，并把纸巾扔掉。 – 在户外活动时间，路易斯说：“我想。”然后把三轮脚踏车拉出了棚子。 – 婴儿莎娜在用餐时间自己拿着勺子。	

III. 成人–婴幼儿互动

III–D.（续）

根据第 7 页的评分规则，圈出该条目的一个指标等级。

1　　2　　3　　4　　5

☐如果未被观察或未报告到，请在这里打钩。

	水平 1 指标	水平 3 指标	水平 5 指标	支持性证据/逸事
第 3 行	☐婴幼儿会因为他们的主动而受到责备、羞辱或惩罚，或者他们的主动性被忽视。 **示例：** –“不，布莱恩，你不能把橡皮泥从艺术桌上拿走。” –“伊兹，你不能再用颜料了，因为你总是把颜料弄洒。”	☐婴幼儿有时会得到照护者对其主动性的支持。 **示例：** – 在集体活动时间，教师说：“埃莫里，那个盒子完全是你自己画的。” – 在选择时间，当一个婴幼儿走到照护者面前，向她展示自己做了什么时，照护者点点头，继续清理桌子。	☐婴幼儿全天都能得到照护者对其努力、想法和主动性的支持。 **示例：** – 在入园时间，韦恩的照护者艾伦看到他把外套挂在钩子上，然后说：“你是自己把外套挂起来的！” – 艾利的照护者告诉他：“谢谢你帮格雷戈里把球扔给了迪恩。” – 艾米莉亚的照护者模仿她在地板上敲沙锤。	

III. 成人–婴幼儿互动

III–D.（续）

根据第 7 页的评分规则，圈出该条目的一个指标等级。

1　　2　　3　　4　　5

□如果未被观察或未报告到，请在这里打钩。

	水平 1 指标	水平 3 指标	水平 5 指标	支持性证据/逸事
第 4 行	□婴幼儿因其成就和（或）遵从照护者的想法而得到表扬（例如：“干得好！”“我喜欢拉马尔这样安静坐着的样子。”）和（或）奖励（贴纸、食物、糖果、玩具）。 **示例：** – 婴幼儿做任何积极的事都会得到贴纸。	□有时婴幼儿会因主动和成就而得到表扬和（或）奖励。 **示例：** – 有时照护者在婴幼儿做了“正确的”事时表扬他们。 – 成功使用便盆或马桶的婴幼儿会得到一张贴纸。	□婴幼儿会因其成就受到鼓励（照护者认可婴幼儿的行为，但不表扬他们）。 **示例：** – “你把那个球滚起来了。” – “谢谢你送给了金姆一个沙锤。” – “克里斯，你一直爬到这里来找我！” – “你把所有泡沫块都摞到了一起。”	

III. 成人–婴幼儿互动

III–E. 婴幼儿形成社会关系。

根据第 7 页的评分规则，圈出该条目的一个指标等级。

1　　2　　3　　4　　5

□如果未被观察或未报告到，请在这里打钩。

	水平 1 指标	水平 3 指标	水平 5 指标	支持性证据/逸事
第 1 行	□尚不能行动的婴幼儿在大多数时间看不到可以行动的婴幼儿。 **示例：** – 尚不能行动的婴幼儿被放在房间的一侧，他们的视线被架子挡住。 – 尚不能行动的婴幼儿被放在吊篮、摇椅等上面。	□尚不能行动的婴幼儿有时能够看到可以行动的婴幼儿。 **示例：** – 婴儿只有在被照护者抱着的时候才能看到其他婴幼儿。 – 婴儿躺在地板上，看着可以行动的婴幼儿用餐或睡觉。	□尚不能行动的婴幼儿全天都能看到其他婴幼儿并（或）能与他们交流。 **示例：** – 照护者安排受保护的区域，使尚不能行动的婴幼儿可以在地板/运动场上观看其他婴幼儿。 – 珍妮特把丹尼尔放在地板上，并把靠垫放到他周围，以保护他不受可以行动的婴幼儿的伤害。 – 在户外活动时间，韦达在沙坑附近的草地上铺了一条毯子，让埃里卡坐下来，这样她就可以看到其他婴幼儿在沙坑里游戏。	□如果是学步儿班，请标记“不适用”。

III. 成人–婴幼儿互动

III–E. （续）

根据第 7 页的评分规则，圈出该条目的一个指标等级。

1　2　3　4　5

□如果未被观察或未报告到，请在这里打钩。

	水平 1 指标	水平 3 指标	水平 5 指标	支持性证据/逸事
			– 在选择时间，南茜让阿尼尔和雷纳挨着彼此坐在地毯上，这样两个婴儿就可以看着对方咕咕叫。 – 莉莉坐在婴儿床垫上，一边咯咯地笑着，一边透过透明的塑料隔板看着学步儿蒂勒尔，蒂勒尔对她咿咿呀呀，用手拍着隔板。	
第 2 行	□照护者忽视婴幼儿的互动行为，或不鼓励婴幼儿以友好的、他们感兴趣的方式与其他婴幼儿互动。 **示例：** – 当婴幼儿抢东西或打其他婴幼儿时，照护者不会注意。 – 照护者说："那是她的，她先拿到的，现在还给她。"	□照护者有时鼓励婴幼儿以友好的、他们感兴趣的方式与其他婴幼儿互动。 **示例：** – 在选择时间，照护者告诉达内尔可以去找另一个婴幼儿，和他一起玩。 – 在午餐时间，照护者告诉蒂娜，约瑟夫想坐在她旁边。	□照护者全天都鼓励婴幼儿以友好的、他们感兴趣的方式与其他婴幼儿互动。 **示例：** – 在户外活动时间，学步儿多米尼克看着萨凡纳和布兰登从雪地上滑下来，摔倒，互相帮扶着站起来，大笑并再次摔倒。萨凡纳和布兰登的	

III. 成人-婴幼儿互动

III–E.（续）

根据第 7 页的评分规则，圈出该条目的一个指标等级。

1　　2　　3　　4　　5

□如果未被观察或未报告到，请在这里打钩。

水平 1 指标	水平 3 指标	水平 5 指标	支持性证据/逸事
– 照护者说：“他一直坐在那里，自己玩得很开心，但你打断了他，所以去找别的地方玩吧。”	– 有时照护者会远离婴幼儿，而不是帮助他们解决问题，这样婴幼儿就可以进行平行游戏或合作游戏。	照护者问他们多米尼克是否可以加入，得到了肯定的回答，三个婴幼儿继续一起玩。 – 在照护者的建议下，菲利克斯笑着把书分发给在桌边等着吃午餐的婴幼儿。 – 塔尼娅走向躺在软沙发上一起看书的夏恩和凯特琳。照护者问夏恩和凯特琳，塔尼娅是否可以加入。他们给她腾出地方，继续一起看书。 – 在选择时间，照护者看到一名婴幼儿拿着一个娃娃坐在摇椅上，还有其他婴幼儿也想玩娃娃。照护者从架子上找到更多娃娃，把它们分给了感兴趣的婴幼儿。	

III. 成人–婴幼儿互动

III–E. （续）

根据第 7 页的评分规则，圈出该条目的一个指标等级。

1　　2　　3　　4　　5

□如果未被观察或未报告到，请在这里打钩。

	水平 1 指标	水平 3 指标	水平 5 指标	支持性证据/逸事
第 3 行	□照护者不帮婴幼儿理解婴幼儿之间的对话。 **示例：** – 当婴幼儿试图交流时，照护者不会帮助他们理解彼此。	□照护者有时帮婴幼儿理解婴幼儿之间的对话。 **示例：** – 一名照护者帮助朱莉安娜告诉另一个婴幼儿，朱莉安娜想在午餐时坐在她身边。	□照护者全天都在帮婴幼儿理解婴幼儿之间的对话。 **示例：** – “帕特，萨姆在把球给你。” – “卢克在和你说再见，乔希。” – “莉娅，奥利维亚想和你一起玩娃娃。” – “耶利米，德拉诺想告诉你他想要更多的积木。” – “弗朗西斯说她不喜欢你坐在她的玩具上。” – “茜茜，艾玛在等你做完，和她一起玩。” – “凯拉，你要把车给艾比吗？（停顿）艾比，她在给你她的车。”	

III. 成人-婴幼儿互动

III-E. （续）

根据第 7 页的评分规则，圈出该条目的一个指标等级。

1　2　3　4　5

□如果未被观察或未报告到，请在这里打钩。

	水平 1 指标	水平 3 指标	水平 5 指标	支持性证据/逸事
第 4 行	□婴幼儿不在其他婴幼儿旁边探索、游戏，也不表现出对其他婴幼儿的喜爱。 **示例：** - 婴幼儿自己玩。	□婴幼儿有时会在其他婴幼儿旁边探索、游戏，并（或）表现出对其他婴幼儿的喜爱。 **示例：** - 两个婴儿玩同一个宝物篮里的材料，一边玩一边互相看。 - 在加餐时间，博比给凯尔留了个座位。	□婴幼儿全天都在其他婴幼儿旁边，或与其他婴幼儿一起探索、游戏，并（或）表现出对其他婴幼儿的喜爱。 **示例：** - 在集体活动时间，布雷克、韦斯利和贾马尔在地板上的一张大纸上并排画画。 - 在户外活动时间，弗兰、乔丹和安德里亚躺在堡垒顶部，朝空中踢腿。 - 科尔比一入园就拥抱多米尼克，因为她之前生病一直没有来。 - 当另一个婴幼儿梅根过来打招呼时，纳塔利一边咕咕叫，一边扭动身体。	

III. 成人–婴幼儿互动

III–E. （续）

根据第 7 页的评分规则，圈出该条目的一个指标等级。

1　2　3　4　5

□如果未被观察或未报告到，请在这里打钩。

	水平 1 指标	水平 3 指标	水平 5 指标	支持性证据/逸事
			- 雷蒙德加入戴兰的活动，和他一起在积木区玩赛车。 - 在午餐时间，塔扬为格雷戈里留了个座位，让他坐在自己旁边。 - 当艾玛准备回家时，吉纳走过去，在她的脸颊上亲了一下。	

III. 成人–婴幼儿互动

III–F. 稍大的婴儿和学步儿参与冲突解决。

根据第 7 页的评分规则，圈出该条目的一个指标等级。

1　　2　　3　　4　　5

□如果未被观察或未报告到，请在这里打钩。

	水平 1 指标	水平 3 指标	水平 5 指标	支持性证据/逸事
第 1 行	适用于稍大的婴儿和学步儿 □大多数发生冲突的婴幼儿会被照护者忽视。 **示例：** – 照护者没有注意到两个稍大的婴儿在拉拽同一个叠杯。	适用于稍大的婴儿和学步儿 □一些发生冲突的婴幼儿受到了照护者的积极关注。 **示例：** – 照护者关注并拥抱被其他婴幼儿打或咬的孩子：“过来，茱莉亚，我可以给你一个拥抱。” – 当汤米开着杰里米的车跑掉时，杰里米打了汤米，汤米哭了起来。照护者只看到了事情发生的最后一部分，他抱了抱汤米，对杰里米说：“我们不可以打朋友。”	适用于稍大的婴儿和学步儿 □每一个卷入冲突的婴幼儿都会受到照护者的积极关注，照护者会冷静地靠近婴幼儿，并在需要时随时提供帮助。 • 在冲突开始时，照护者立即制止婴幼儿的伤害性行为，并在声音和举止上保持冷静。 **示例：** – “轻轻地，伊莱。轻轻地抚摸马克斯。”照护者说，然后轻抚每个婴儿。 – “不要踢其他小朋友，因为这样会疼。”照护者边说边坐在两个婴幼儿之间，把他们分开。	□如果班级里只有 0—6 个月大的婴儿，请标记“不适用”。 提问：你如何处理婴幼儿之间的冲突？

III. 成人–婴幼儿互动

III–F. （续）

根据第 7 页的评分规则，圈出该条目的一个指标等级。

1　2　3　4　5

□如果未被观察或未报告到，请在这里打钩。

水平 1 指标	水平 3 指标	水平 5 指标	支持性证据/逸事
		– 照护者看到两个稍大的婴儿在抢同一个玩具，其中一个摔倒了，正在哭，于是照护者抱着哭泣的婴幼儿，抚摸另一个婴幼儿的背，同时给两个婴幼儿提供相似的玩具。 – 两个学步儿在拉拽同一辆卡车，其中一个婴幼儿打了另一个婴幼儿。照护者坐在他们中间，摸着他们的手，和他们谈论问题，让他们平静下来。	

III. 成人-婴幼儿互动

III-F.（续）

根据第 7 页的评分规则，圈出该条目的一个指标等级。

1　　2　　3　　4　　5

□如果未被观察或未报告到，请在这里打钩。

	水平 1 指标	水平 3 指标	水平 5 指标	支持性证据/逸事
第 2 行	适用于稍大的婴儿和学步儿 □冲突中的婴幼儿受到责骂、羞辱、孤立或惩罚。 **示例：** –“从别人那儿拿走玩具是不公平的。现在还给我！” –“去暂停室坐着！” –“除非你道歉，否则你不会得到它！” –“既然你不能分享，我就把它收起来了。” –“没有伤到你，别再哭了。”	适用于稍大的婴儿和学步儿 □冲突中的婴幼儿会听到关于礼貌和道德的话。 **示例：** –“我们不打朋友。” –“告诉拉马尔你很抱歉。” –“你要用语言来表达。” –“你需要分享。” –“我们轮流吧。”	适用于稍大的婴儿和学步儿 □在平静地靠近冲突中的婴幼儿后，照护者通过给予每个婴幼儿积极和尊重的支持来帮助他们解决问题。 • 照护者认可婴幼儿的感受，直到婴幼儿平静下来。 • 照护者通过识别婴幼儿的感受和描述问题来帮助尚不能说话的婴幼儿相互交流。 • 对于稍大的婴儿，照护者提供相同或相似的材料，以帮助他们做出选择并缓和冲突。 **示例：** – 照护者认可婴幼儿的感受：“你看起来很生气。”“你们两个人都很难过。”“你很难过，因为你觉得该轮到你玩儿了。”	□如果班级里只有 0—6 个月大的婴儿，请标记“不适用”。

III. 成人–婴幼儿互动

III–F. （续）

根据第 7 页的评分规则，圈出该条目的一个指标等级。

1　2　3　4　5

□如果未被观察或未报告到，请在这里打钩。

	水平 1 指标	水平 3 指标	水平 5 指标	支持性证据/逸事
			– 照护者把一个婴幼儿抱在大腿上，并抚摸另一个婴幼儿，同时说：“你们俩都很难过，因为你们想用同一块积木。” – 柯蒂斯和马修正在拽同一本书。照护者又拿来几本书放在他们面前，说：“你们都很失落，因为你们想看同一本书，这里还有几本你们可以看的书。”马修伸手去拿新的书，柯蒂斯拿着原来那本书。 – 珍妮尔和莫莉正在抢同一个娃娃，莫莉带着它爬走了，而珍妮尔开始哭泣。照护者靠近她们说：“珍妮尔，你很伤心，因为你想要娃娃。莫莉，你也想要。”照护者告诉珍妮尔和莫莉哪里有更多的娃娃，然后她们都爬到架子上，拿到了新的娃娃。	

III. 成人-婴幼儿互动

III-F.（续）

根据第 7 页的评分规则，圈出该条目的一个指标等级。

1　2　3　4　5

□如果未被观察或未报告到，请在这里打钩。

	水平 1 指标	水平 3 指标	水平 5 指标	支持性证据/逸事
第 3 行	在有 18—36 个月大学步儿的班级内 □不向冲突中的婴幼儿询问问题，且（或）婴幼儿不参与辨识问题。 **示例：** - 照护者拿走有争议的玩具，把它还给另一个婴幼儿。 - 婴幼儿因为一件玩具发生了争执，照护者把它收了起来。	在有 18—36 个月大学步儿的班级内 □冲突中的婴幼儿有时会参与辨识问题。 **示例：** - 照护者询问发生了什么，并得出自己的结论。 - 照护者只问一个婴幼儿发生了什么。 - 格雷戈里走过来告诉照护者，特蕾西拿走了他的球，照护者对特蕾西说："请把球还给他。"	在有 18—36 个月大学步儿的班级内 □在照护者的鼓励下，冲突中的婴幼儿都参与辨识问题。 • 婴幼儿从他们的角度来表述问题；照护者根据自己的观察和婴幼儿的言语、非言语线索来复述问题。 • 婴幼儿肯定或纠正照护者对问题的复述。 **示例：** - 照护者走近加伦和詹姆斯，他们似乎在争夺一辆卡车。加伦指着那辆红色的卡车，詹姆斯伸手去拿。照护者说："加伦，你想要那辆红色卡车。詹姆斯，你也想要。"加伦说："不，我想要蓝色的。"照护者回答说："哦，你想要蓝色的，詹姆斯想要红色的。"	□如果没有此年龄段的婴幼儿，请标记"不适用"。

III. 成人–婴幼儿互动

III–F.（续）

根据第 7 页的评分规则，圈出该条目的一个指标等级。

1　2　3　4　5

□如果未被观察或未报告到，请在这里打钩。

	水平 1 指标	水平 3 指标	水平 5 指标	支持性证据/逸事
第 4 行	在有 18—36 个月大学步儿的班级内 □冲突中的婴幼儿没有听到问题的解释，照护者也没有要求他们参与寻找问题的解决方案。 **示例：** – 照护者说：“我说过你要还给她。” – 照护者说：“你不需要它。”	在有 18—36 个月大学步儿的班级内 □照护者有时要求冲突中的婴幼儿参与寻找问题的解决方案。 **示例：** – 照护者说：“霍莉说她先拿到了娃娃。詹姆斯，你的想法是分享，那我们一起分享吧。” – 照护者说：“佩德罗说他想第一个骑，既然他现在在那辆自行车上，他可以先玩。”	在有 18—36 个月大学步儿的班级内 □照护者鼓励冲突中的婴幼儿都参与寻找和选择问题解决方案。 • 婴幼儿产生关于解决方案的想法，并一起选择一个。 • 婴幼儿可根据需要获得照护者的后续支持。 **示例：** – 照护者询问婴幼儿的想法，同时允许婴幼儿花时间进行言语或非言语的回应。 – 照护者通过提供语言支持帮助婴幼儿交流想法，而不是直接接手关于问题解决的对话。	□如果没有此年龄段的婴幼儿，请标记“不适用”。

III. 成人–婴幼儿互动

III–F.（续）

根据第 7 页的评分规则，圈出该条目的一个指标等级。

1　2　3　4　5

□如果未被观察或未报告到，请在这里打钩。

	水平 1 指标	水平 3 指标	水平 5 指标	支持性证据/逸事
			– 照护者为婴幼儿提供建议："你想听听我的想法吗？" – 当两个婴幼儿就一个问题的解决方案达成一致后，照护者坐在积木区，观察他们玩一会儿。	

IV. 课程计划和婴幼儿观察

IV–A. 照护者用综合课程模式来指导自身的婴儿和学步儿照护实践。

根据第 7 页的评分规则，圈出该条目的一个指标等级。

1　2　3　4　5

□如果未被观察或未报告到，请在这里打钩。

	水平 1 指标	水平 3 指标	水平 5 指标	支持性证据/逸事
第 1 行	□照护者没有使用综合课程模式。 **示例：** – 照护者依靠自己的直觉和（或）已往经验。 – 照护者使用未经认证的课程。	□照护者有时使用综合课程模式。 **示例：** – 照护者会使用特定的课程和其他来源的活动，并（或）把多种课程模式进行组合。	□照护者会使用一种综合课程模式来解决下列问题。 • 教育方案涵盖婴幼儿发展的所有领域；具有发展适宜性；鼓励婴幼儿主动学习（通过探索和调查学习）；注重有意图的教学；有明确的教学目标；基于理论和研究；以婴幼儿先前的学习和经验为基础；教学内容符合专业标准；能够证明教学的有效性；通过人员培训提供支持。 • 对婴幼儿的发展进行适宜性评价可以帮助机构工作人员在教学和学习方面做出正确的决定，识别重要问题，并改善实践计划。 • 机构评价具有持续性，评价结果可用于改善实践。	提问：你使用课程模式吗？如果使用，是哪种课程模式？

IV. 课程计划和婴幼儿观察

IV–A.（续）

根据第 7 页的评分规则，圈出该条目的一个指标等级。

1　2　3　4　5

□如果未被观察或未报告到，请在这里打钩。

	水平 1 指标	水平 3 指标	水平 5 指标	支持性证据/逸事
第 2 行	□照护者没有参考机构提供的课程来做出决定和指导自身的教学实践。 **示例：** – 机构提供的课程只存放在教师的资料室中。 – 照护者通过浏览各种网站来寻求建议。	□照护者有时会参考机构提供的课程来做出决定和指导自身的教学实践。 **示例：** – 照护者会根据课程的学习环境指导来创设环境，但同时也会通过浏览各种网站、翻阅手工活动书进行活动。	□照护者会参考机构提供的课程来做出决定和指导自身的教学实践。 **示例：** – 照护者会参考课程计划来帮助解决学习环境创设的问题（例如，如何标记材料才更易于清理）、一日常规（如何改善无效的工作计划）、成人–婴幼儿互动（如何与能说话和不能说话的婴幼儿进行交流）、婴幼儿评价（如何根据每个婴幼儿的兴趣和发展水平做出计划）、团队合作（当照护者之间发生冲突时该怎么做）。	提问：课程如何指导你在针对婴儿和学步儿的教学中做出决策？

IV. 课程计划和婴幼儿观察

根据第 7 页的评分规则，圈出该条目的一个指标等级。

1　　2　　3　　4　　5

□如果未被观察或未报告到，请在这里打钩。

IV-B. 照护者观察婴幼儿，记录观察结果，并将结果作为下一步制订婴幼儿发展计划的基础。

	水平 1 指标	水平 3 指标	水平 5 指标	支持性证据/逸事
第 1 行	□照护者没有观察婴幼儿，或者很少将婴幼儿的行为和交流与婴幼儿的发展联系起来。 **示例：** – 照护者监督婴幼儿。 – 只有在婴幼儿之间发生冲突或问题时，照护者才会出现。 – 照护者会讨论如何解决咬人的问题，并浏览各种网站寻求建议。	□照护者会观察婴幼儿，并将婴幼儿的行为、交流与婴幼儿某些领域的发展联系起来。 **示例：** – 照护者主要关注婴幼儿的读写学习，并专注于婴幼儿的口头表达，或开展语言和读写活动。 – 照护者主要关注婴幼儿的身体发展，例如计划相关活动，促进婴幼儿的侧翻或走路技能。 – 照护者主要致力于促进婴幼儿进入下一发展阶段，无论婴幼儿是否准备好。	□照护者会观察婴幼儿，并将婴幼儿的行为和交流与发展适宜性标准和（或）婴幼儿发展课程的内容联系起来。 例如： • 学习品质（婴幼儿如何做出选择，解决问题，自我服务） • 社会性和情感发展（婴幼儿如何形成依恋，表达情感，与他人联系） • 身体发展和健康（婴幼儿如何移动身体、物体，感受稳定的心跳） • 交流、语言和读写能力（婴幼儿如何倾听、回应，进行非言语交流，口头表达，探索书）	提问：你会观察照护的婴幼儿吗？你如何解释每天在婴儿和学步儿身上观察到的发展？

IV. 课程计划和婴幼儿观察

IV–B. （续）

根据第 7 页的评分规则，圈出该条目的一个指标等级。

1　2　3　4　5

☐如果未被观察或未报告到，请在这里打钩。

水平 1 指标	水平 3 指标	水平 5 指标	支持性证据/逸事
		• 认知发展（婴幼儿如何探索物体，形成客体永久性，学习数概念，学习一一对应关系，建立因果关系） • 创造性艺术（婴幼儿如何模仿，假装，探索艺术材料，聆听和回应音乐，探索外界声音和自己的声音） • 照护者依据婴幼儿的现有水平进行照护，而不是将他们推入下一发展阶段。 **示例：** – *两名学步儿在互相滚动一个球，照护者将这一行为记录了下来。在做计划时，照护者与其同事进行交流，并决定将这则逸事归为“身体发展和健康”“认知发展”两个领域。*	

IV. 课程计划和婴幼儿观察

根据第 7 页的评分规则，圈出该条目的一个指标等级。

1　　2　　3　　4　　5

IV–B. （续）

□如果未被观察或未报告到，请在这里打钩。

	水平 1 指标	水平 3 指标	水平 5 指标	支持性证据/逸事
第 2 行	□照护者不写逸事记录，不以此来提醒自己关于婴幼儿的所见所闻。 **示例：** – 照护者忙于常规工作。	□照护者有时会写逸事记录，以此来提醒自己关于婴幼儿的所见所闻。 **示例：** – 照护者只会在婴幼儿每日记录表中填写婴幼儿的身体状况和饮食习惯。 – 照护者在亨利的记录表上画了一个笑脸，表明他今天过得很愉快。 – 当一天结束时，或在给家长写注意事项时，照护者会依赖回忆而不是参考白天工作中的记录。	□照护者全天都会写逸事记录，以此来提醒自己关于婴幼儿的所见所闻。 **示例：** – 照护者每天在写逸事的同时会记一些简短的笔记，然后将其扩展为可用于评价的正式逸事记录。 – 逸事：“在户外活动时，卡尼莎将沙子从筛子中倒入倒出，观察沙子的流动。” – 逸事：“在入园时，明戈扶着一把椅子站起来，并走起来了。” – 逸事：“在积木区，袁和米格尔用大积木堆成了宇宙飞船，并坐在积木上，假装在太空中飞行。”	提问：当你全天观察婴儿和学步儿时，你会记录下什么信息？

IV. 课程计划和婴幼儿观察

IV–B.（续）

根据第 7 页的评分规则，圈出该条目的一个指标等级。

1　2　3　4　5

□如果未被观察或未报告到，请在这里打钩。

	水平 1 指标	水平 3 指标	水平 5 指标	支持性证据/逸事
第 3 行	□照护者只有在出现问题和冲突时，才会与家长分享对婴幼儿的观察。照护者没有为婴幼儿制订计划。 **示例：** – 照护者会向家长反映她的孩子咬别人的事。	□照护者有时会与家长分享婴幼儿的逸事记录，并根据对婴幼儿的观察制订计划。 **示例：** – 照护者只有在婴幼儿做一些令人兴奋的事时，如翻身、说话和走路，才会和家长分享。 – 照护者严格遵循课程计划，但偶尔也会拿出一些材料来满足婴幼儿的兴趣。	□照护者每天都会与家长分享他们的观察和逸事记录，并在为婴幼儿制订计划时参考这些记录。 **示例：** – 在选择时间，拉蒂莎爬到架子上，用两只手举起一罐瓶盖，并尖叫着把它们从罐子里倒出来，掉在地板上。拉蒂莎的照护者与她的家长分享了这一逸事，并解释道，拉蒂莎很喜欢盖子从罐子中撒出来的声音。基于拉蒂莎的兴趣和认知发展的关键指标（机构课程学习目标），照护者计划在第二天使用锡罐和珠子组织一个小组活动。	提问：你会如何使用记录中的信息？

IV. 课程计划和婴幼儿观察

根据第 7 页的评分规则，圈出该条目的一个指标等级。

1　　2　　3　　4　　5

☐如果未被观察或未报告到，请在这里打钩。

IV–C. 照护者会讨论他们的逸事观察结果，并评价婴幼儿的发展进步。

	水平 1 指标	水平 3 指标	水平 5 指标	支持性证据/逸事
第 1 行	☐照护者很少讨论婴幼儿在做什么和交流什么。 **示例：** – 照护者只讨论问题。 – 照护者只在白天分享简短的评价。	☐照护者有时会讨论婴幼儿在做什么和交流什么。 **示例：** – 照护者每周开一次会，讨论他们的课程计划；如果还能回忆起来，他们有时也会讨论婴幼儿做了什么。 – 上午工作的照护者会记录下他们的观察，以便下午工作的照护者为婴幼儿制订计划；下午工作的照护者会写逸事记录，以便第二天上午工作的照护者为婴幼儿制订计划。	☐照护者每天都开会讨论婴幼儿在做什么和交流什么。 **示例：** – 照护者会在午睡时间或一天结束时开会，讨论在集体活动时间、选择时间和户外活动时间发生的事，并分享逸事记录。	☐当班级中只有一位教师时，请将这一行标记为“不适用”。 提问：你是否会与其他照护者讨论在婴幼儿游戏和交流时你的所见所闻？如果是，在什么时候？

IV. 课程计划和婴幼儿观察

IV-C.（续）

根据第 7 页的评分规则，圈出该条目的一个指标等级。

1　　2　　3　　4　　5

□如果未被观察或未报告到，请在这里打钩。

	水平 1 指标	水平 3 指标	水平 5 指标	支持性证据/逸事
第 2 行	□照护者没有评价婴幼儿。 **示例：** - 照护者未被要求评价婴幼儿。	□照护者会使用信度、效度均未知的婴幼儿观察工具。 **示例：** - 照护者会使用里程碑检查表（milestone checklist）来检查婴幼儿发展欠缺的方面。 - 照护者会使用筛查工具进行评价。	□照护者会使用信度、效度已被证实的婴幼儿观察工具。 **示例：** - 照护者会使用合适的基于观察的评价工具，如学前儿童观察评价系统（升级版）（COR Advantage）或盎司量表（Ounce Scale）。	提问：你如何评价婴幼儿的发展进步？
第 3 行	□照护者没有使用婴幼儿观察测量工具，也不会与家长或其他照护者分享婴儿和学步儿的发展进步。 **示例：** - 照护者只在自己需要时使用检核表。	□照护者每年使用一次婴幼儿观察测量工具，并与家长或其他照护者共同评价和分享婴儿、学步儿的发展进步。 **示例：** - 照护者会向家长提供一份关于婴幼儿发展情况的报告。 - 评价信息仅供照护者自己使用。	□照护者每年使用两次或多次婴幼儿观察测量工具，并与家长和其他照护者共同评价和分享婴儿、学步儿的发展进步。 **示例：** - 照护者每年与家长举行两次或多次会议，讨论婴幼儿的发展。 - 当婴幼儿转入另一个照护小组时，照护者会与其他照护者分享婴幼儿的发展报告。	提问：你多久评价一次婴幼儿的发展进步？你如何与家长和其他照护者分享这些信息？

IV. 课程计划和婴幼儿观察

根据第 7 页的评分规则，圈出该条目的一个指标等级。

1　2　3　4　5

IV–D. 照护者设计支持婴幼儿个体的计划。

□如果未被观察或未报告到，请在这里打钩。

	水平 1 指标	水平 3 指标	水平 5 指标	支持性证据/逸事
第 1 行	□照护者没有制订计划。	□照护者有时制订计划。 **示例：** – 照护者每周会制订一到两个计划。 – 照护者会制订月计划。 – 只有一位照护者为婴幼儿制订计划。 – 在班级中，只有一位照护者为婴幼儿制订计划，她每周制订一次计划。 – 一位照护者制订本周计划，另一位照护者制订下周计划。	□照护者每天开会制订计划。 **示例：** – 照护者每天会与同事一起制订计划。 – 当班级中只有一名教师时，她会每天都制订计划，并与班级中的其他照护者交流想法。	提问：你们多久会开一次会，来一起制订课程计划？ 注：如果勾选了水平 1，则计 1 分，其余行不用填写。

IV. 课程计划和婴幼儿观察

根据第 7 页的评分规则，圈出该条目的一个指标等级。

1　2　3　4　5

IV–D.（续）

☐如果未被观察或未报告到，请在这里打钩。

	水平 1 指标	水平 3 指标	水平 5 指标	支持性证据/逸事
第 2 行	☐照护者会在婴幼儿在场和醒着的时间制订计划。 **示例：** – 照护者会在婴幼儿需要帮助时制订计划。	☐照护者有时会在婴幼儿不在场时或在婴幼儿午睡时制订计划。 **示例：** – 照护者会在早上只有一两名婴幼儿在场时或大部分婴幼儿离园后制订计划。 – 当班级中只有一位照护者时，她会在一天结束、仅剩一两名婴幼儿未离开时制订计划。	☐照护者会定期在婴幼儿不在场或午睡时制订计划。 **示例：** – 照护者每天都有 20—30 分钟为婴幼儿制订计划的时间。 – 照护者总会在婴幼儿午睡睡着后和自己休息之前做好每日计划。 – 当班级中只有一位照护者时，她会在午睡时间制订计划。	提问：您会在白天什么时间制订课程计划？此时婴幼儿正在做什么？

IV. 课程计划和婴幼儿观察

IV–D.（续）

根据第 7 页的评分规则，圈出该条目的一个指标等级。

1　2　3　4　5

□如果未被观察或未报告到，请在这里打钩。

	水平 1 指标	水平 3 指标	水平 5 指标	支持性证据/逸事
第 3 行	□照护者制订小组计划，而非婴幼儿个体计划，或者安排婴幼儿做一些他们尚不能及或不感兴趣的事。 **示例：** –“我们一起在线条内涂颜色吧。”	□照护者根据目标、活动和（或）主题活动制订小组计划。 **示例：** –“我们来做树叶活动吧。” –“我们把感官桌拿出来。” –“我们应该为明天的色彩活动做些什么呢?” –“我们来用苍蝇拍作画吧——这是我最喜欢的活动。”	□照护者会根据对每个婴幼儿的优势、能力和兴趣的观察与讨论来制订计划，并且在制订计划时，会参考逸事记录、课程内容以及对婴幼儿的观察测量。 **示例：** –“乔恩真的对翻越物体很感兴趣——让我们添加一些大的乙烯基塑料楔子和积木，然后把摇摇船的台阶侧翻过来。这会涵盖关键发展指标（课程目标）：活动整个身体和解决问题。” –“我所照护的婴幼儿正处于不同的发展水平，所以我的小组活动时间将包括婴幼儿使用、探索绳子和胶水的不同方式。”	提问：你是如何制订课程计划的？你的计划以什么为基础？

IV. 课程计划和婴幼儿观察

IV-D.（续）

根据第 7 页的评分规则，圈出该条目的一个指标等级。

1　2　3　4　5

□如果未被观察或未报告到，请在这里打钩。

	水平 1 指标	水平 3 指标	水平 5 指标	支持性证据/逸事
			- 照护者查看学前儿童观察评价指标（升级版）的总结报告，并注意到，他们需要关注更多音乐方面的逸事，因此教师计划在集体活动时间使用铃铛和音乐。	

婴儿-学步儿教育机构质量评价系统（PQA）

表 A：班级条目

汇　总　表

照护者姓名________________________　机构名称________________________

评价者姓名________________________　评价日期________________________

为每个条目进行评分（1、2、3、4 或 5）。请参阅第 7—8 页的评分说明。如果未对某个条目进行评分，请填写“不适用”。

I. 学习环境

____ A. 安全健康的环境

____ B. 睡眠、用餐和身体保育空间

____ C. 游戏和运动空间

____ D. 易获取的感知觉材料

____ E. 婴幼儿照片和作品

____ F. 安全可及的户外空间

II. 一日流程和常规

____ A. 灵活、可预测的流程

____ B. 舒适的入园/离园环节

____ C. 婴幼儿发起的选择时间

____ D. 身体护理选择

____ E. 流畅的过渡

____ F. 以婴幼儿为中心的喂食/用餐

____ G. 灵活、动态的集体活动时间

____ H. 在大自然中完成的户外活动时间

____ I. 个性化的午睡时间

III. 成人–婴幼儿互动

____ A. 长期的成人–婴幼儿关系

____ B. 婴幼儿与成人间的信任

____ C. 婴幼儿与成人的伙伴关系

____ D. 婴幼儿的意图

____ E. 婴幼儿的社会关系

____ F. 婴幼儿的冲突解决

IV. 课程计划和婴幼儿观察

____ A. 综合课程

____ B. 婴幼儿观察与计划

____ C. 评估发展进步

____ D. 照护者制订的个性化计划

____未评分的班级条目数量

（标记“不适用”的条目数量）

____已评分的班级条目数量

（25 减去未评分的条目数量）

____班级总体得分

（已评分条目得分总和）

____班级平均得分

（总分÷已评分条目数）

目　录

托育机构设置标准（试行）

（国卫人口发〔2019〕58号）

第一章 总 则

第一条 为建立专业化、规范化的托育机构，根据《中华人民共和国未成年人保护法》等法律法规以及《国务院办公厅关于促进3岁以下婴幼儿照护服务发展的指导意见》，制定本标准。

第二条 坚持政策引导、普惠优先、安全健康、科学规范、属地管理、分类指导的原则，充分调动社会力量积极性，大力发展托育服务。

第三条 本标准适用于经有关部门登记、卫生健康部门备案，为3岁以下婴幼儿提供全日托、半日托、计时托、临时托等托育服务的机构。

第二章 设置要求

第四条 托育机构设置应当综合考虑城乡区域发展特点，根据经济社会发展水平、工作基础和群众需求，科学规划，合理布局。

第五条 新建居住区应当规划建设与常住人口规模相适应的托育机构。老城区和已建成居住区应当采取多种方式完善托育机构，满足居民需求。

第六条 城镇托育机构建设要充分考虑进城务工人员随迁婴幼儿的照护服务需求。

第七条 在农村社区综合服务设施建设中，应当统筹考虑托育机构建设。

第八条 支持用人单位以单独或联合其他单位共同举办的方式，在工作场所为职工提供福利性托育服务，有条件的可向附近居民开放。

第九条 鼓励通过市场化方式，采取公办民营、民办公助等多种形式，在就业人群密集的产业聚集区域和用人单位建设完善托育机构。

第十条 发挥城乡社区公共服务设施的婴幼儿照护服务功能，加强社区托育机构与社区服务中心（站）及社区卫生、文化、体育等设施的功能衔接。

第三章　场地设施

第十一条　托育机构应当有自有场地或租赁期不少于 3 年的场地。

第十二条　托育机构的场地应当选择自然条件良好、交通便利、符合卫生和环保要求的建设用地，远离对婴幼儿成长有危害的建筑、设施及污染源，满足抗震、防火、疏散等要求。

第十三条　托育机构的建筑应当符合有关工程建设国家标准、行业标准，设置符合标准要求的生活用房，根据需要设置服务管理用房和供应用房。

第十四条　托育机构的房屋装修、设施设备、装饰材料等，应当符合国家相关安全质量标准和环保标准，并定期进行检查维护。

第十五条　托育机构应当配备符合婴幼儿月龄特点的家具、用具、玩具、图书和游戏材料等，并符合国家相关安全质量标准和环保标准。

第十六条　托育机构应当设有室外活动场地，配备适宜的游戏设施，且有相应的安全防护设施。

在保障安全的前提下，可利用附近的公共场地和设施。

第十七条　托育机构应当设置符合标准要求的安全防护设施设备。

第四章　人员规模

第十八条　托育机构应当根据场地条件，合理确定收托婴幼儿规模，并配置综合管理、保育照护、卫生保健、安全保卫等工作人员。

托育机构负责人负责全面工作，应当具有大专以上学历，有从事儿童保育教育、卫生健康等相关管理工作 3 年以上的经历，且经托育机构负责人岗位培训合格。

保育人员主要负责婴幼儿日常生活照料，安排游戏活动，促进婴幼儿身心健康，养成良好行为习惯。保育人员应当具有婴幼儿照护经验或相关专业背景，受过婴幼儿保育相关培训和心理健康知识培训。

保健人员应当经过妇幼保健机构组织的卫生保健专业知识培训合格。

保安人员应当取得公安机关颁发的《保安员证》，并由获得公安机关《保安服务许可证》的保安公司派驻。

第十九条　托育机构一般设置乳儿班（6—12 个月，10 人以下）、托小班（12—24 个月，15 人以下）、托大班（24—36

个月，20 人以下）三种班型。

18 个月以上的婴幼儿可混合编班，每个班不超过 18 人。

每个班的生活单元应当独立使用。

第二十条 合理配备保育人员，与婴幼儿的比例应当不低于以下标准：乳儿班 1∶3，托小班 1∶5，托大班 1∶7。

第二十一条 按照有关托儿所卫生保健规定配备保健人员、炊事人员。

第二十二条 独立设置的托育机构应当至少有 1 名保安人员在岗。

第五章 附 则

第二十三条 各省、自治区、直辖市卫生健康行政部门可根据本标准制订具体实施办法。

第二十四条 本标准自发布之日起施行。

托儿所、幼儿园建筑设计规范（JGJ39-2016）

局部修订条文（2019年版）

说明：1. 下划线标记的文字为新增内容，方框标记的文字为删除的原内容，无标记的文字为原内容。

2. 本次修订的条文应与《托儿所、幼儿园建筑设计规范》JGJ39-2016中的其他条文一并实施。

1 总　　则

1.0.3 托儿所、幼儿园的规模应符合表1.0.3-1的规定，托儿所、幼儿园的每班人数应符合表1.0.3-2的规定。

表1.0.3-1 托儿所、幼儿园的规模

规模	托儿所（班）	幼儿园（班）
小型	1~3	1~4
中型	4~7	5~9 8
大型	8~10	10 9~12

表1.0.3-2 托儿所、幼儿园的每班人数

名称	班别		人数（人）
托儿所	乳儿班（6~12月）		10人以下 ~15
	托儿班	托小、中班（12~24月）	15人以下 ~20
		托大班（24~36月）	21~25 20人以下
幼儿园	小班（3~4岁）		20~25
	中班（4~5岁）		26~30
	大班（5~6岁）		31~35

2 术　　语

2.0.5 幼儿生活用房 living room

供婴幼儿班级活动及公共活动生活和多功能活动的空间。

2.0.6 幼儿生活单元 unit of living room

供婴幼儿班级独立生活的空间。

2.0.9 多功能活动室 multi-functional room

供全园婴幼儿共同进行文艺、体育、家长集会等多功能活动的空间。

2.0.10 乳儿室 suckling room （此条删除）

供乳儿班婴儿玩耍、睡眠等日常生活的空间。

2.0.11 喂奶室 nursing room

供乳儿母亲直接哺乳的空间。

2.0.12 配奶室 mix-the-milk room （此条删除）

供配制乳儿用乳汁的空间。

2.0.13 晨检室（厅） morning inspection room

供婴幼儿入园时进行健康检查的空间。

3 基地和总平面

3.1 基地

3.1.3 托儿所、幼儿园的服务半径宜为300m ~500m。

3.2 总平面

3.2.2 三 四个班及以上的托儿所、幼儿园建筑应独立设置。两 三个班及以下时，可与居住、养老、教育、办公建筑合建，但应符合下列规定：

1 幼儿生活用房应设在居住建筑的底层；（此条删除）

1A 合建的既有建筑应经有关部门验收合格，符合抗震、防火等安全方面的规定，其基地应符合本规范第3.1.2条规定；

2 应设独立出入口，并应与其他建筑部分采取隔离措施；的疏散楼梯和安全出口；

5 建筑出入口及室外活动场地范围内应采取防止物体坠落措施；

3.2.3 托儿所、幼儿园应设室外活动场地，并应符合下列规定：

1 幼儿园每班应设专用室外活动场地，面积不宜小于$60m^2$人均面积不应小于$2m^2$。各班活动场地之间宜采取分隔措施；

2 幼儿园应设全园共用活动场地，人均面积不应小于$2m^2$；

2A 托儿所室外活动场地人均面积不应小于$3m^2$；

2B 城市人口密集地区改、扩建的托儿所，设置室外活动场地确有困难时，室外活动场地人均面积不应小于$2m^2$。

4 共用活动场地应设置游戏器具、沙坑、30m 跑道、洗手池等，宜设戏水池，储水深度不应超过 0.30m ;。游戏器具下地面及周围应设软质铺装。宜设洗手池、洗脚池；

3.2.8　托儿所、幼儿园的幼儿生活用房活动室、寝室及具有相同功能的区域，应布置在当地最好朝向，冬至日底层满窗日照不应小于 3h。

3.2.8A　需要获得冬季日照的婴幼儿生活用房窗洞开口面积不应小于该房间面积的 20%。

4　建筑设计

4.1　一般规定

4.1.1　托儿所、幼儿园建筑应由幼儿生活用房、服务管理用房和供应用房等部分组成。

4.1.2　托儿所、幼儿园建筑宜按幼儿生活单元组合方法进行设计，各班幼儿生活单元应保持使用的相对独立性。

4.1.3　托儿所、幼儿园中的幼儿生活用房不应设置在地下室或半地下室。，且不应布置在四层及以上；托儿所部分应布置在一层。

4.1.3A　幼儿园生活用房应布置在三层及以下。

4.1.3B　托儿所生活用房应布置在首层。当布置在首层确有困难时，可将托大班布置在二层，其人数不应超过 60 人，并应符合有关防火安全疏散的规定。

4.1.5　托儿所、幼儿园建筑窗的设计应符合下列规定：

2　当窗台面距楼地面高度低于 0.90m 时，应采取防护措施，防护高度应由楼地面计算从可踏部位顶面起算，不应低于 0.90m。

4.1.7　严寒和寒冷地区托儿所、幼儿园建筑的外门应设门斗，寒冷地区宜设门斗。

4.1.8　幼儿出入的门应符合下列规定：

1　距离地面 1.20m 以下部分，当使用玻璃材料时，应采用安全玻璃；

4　门下不应设门槛；平开门距离楼地面 1.2m 以下部分应设防止夹手设施；

6　活动室、寝室、多功能活动室生活用房开向疏散走道的门均应向人员疏散方向开启，开启的门扇不应妨碍走道疏散通行；

4.1.9　托儿所、幼儿园的外廊、室内回廊、内天井、阳台、上人屋面、平台、看台及室外楼梯等临空处应设置防护栏杆，栏杆应以坚固、耐久的材料制作，防护栏杆水平承载能力应符合《建筑结构荷载规范》（GB50009）的规定。防护栏杆的高度应从地面计算可踏部位顶面起算，且净高不应小于1.10 1.30m。防护栏杆必须采用防止幼儿攀登和穿过的构造，当采用垂直杆件做栏杆时，其杆件净距离不应大于0.11 0.09m。

4.1.11 楼梯、扶手和踏步等应符合下列规定：

6 楼梯踏步面应采用防滑材料，踏步踢面不应漏空，踏步面应做明显警示标识；

4.1.12 幼儿使用的楼梯，当楼梯井净宽度大于0.11m时，必须采取防止幼儿攀滑措施。楼梯栏杆应采取不易攀爬的构造，当采用垂直杆件做栏杆时，其杆件净距不应大于0.11 0.09m。

4.1.17 活动室、寝室、乳儿室、托儿所睡眠区、活动区，幼儿园活动室、寝室，多功能活动室的室内最小净高不应低于表4.1.17的规定。

表4.1.17 室内最小净高（m）

房间名称	净高
托儿所睡眠区、活动区	2.8
幼儿园活动室、寝室、乳儿室	3.0
多功能活动室	3.9

注：改、扩建的托儿所睡眠区和活动区室内净高不应小于2.6m。

4.1.17A 厨房、卫生间、试验室、医务室等使用水的房间不应设置在婴幼儿生活用房的上方。

4.1.17B 城市居住区按规划要求应按需配套设置托儿所。当托儿所独立设置有困难时，可联合建设。

4.2 托儿所生活用房

4.2.1 托儿所应包括托儿班和乳儿班，托儿班宜接纳2周岁~3周岁的幼儿，乳儿班宜接纳2周岁以下的幼儿。生活用房应由乳儿班、托小班、托大班组成，各班应为独立使用的生活单元。宜设公共活动空间。

4.2.2 托儿大班生活用房的使用面积及要求应宜与幼儿园生活用房相同。

4.2.3 乳儿班房间的设置和应包括睡眠区、活动区、配餐区、清洁区、储藏区等，各区最小使用面积应符合表 4.2.3 的规定。

表 4.2.3　乳儿班每班房间各区最小使用面积（m^2）

各区名称	最小使用面积
乳儿室 睡眠区	50　30
喂奶室 活动区	15
配乳室 配餐区	8　6
卫生间 清洁区	10　6
储藏室 区	8　4

4.2.3A　托小班应包括睡眠区、活动区、配餐区、清洁区、卫生间、储藏区等，各区最小使用面积应符合表 4.2.3A 的规定。

表 4.2.3A　托小班各区最小使用面积（m^2）

续表

各区名称	最小使用面积
睡眠区	35
活动区	35
配餐区	6
清洁区	6
卫生间	8
储藏区	4

注：睡眠区与活动区合用时，其使用面积不应小于 $50m^2$。

4.2.3B　乳儿班和托小班宜设喂奶室，使用面积不宜小于 $10m^2$，并应符合下列规定：

1　应临近婴幼儿生活空间；

2　应设置开向疏散走道的门；

3　应设尿布台、洗手池，宜设成人厕所。

4.2.3C　乳儿班和托小班生活单元各功能分区之间宜采取分隔措施，并应互相通视。

4.2.3D　乳儿班和托小班活动区地面应做暖性、软质面层；距地 1.2m 的墙面应做软质面层。

4.2.4　每个托儿班和乳儿班的生活用房均应为每班独立

使用的生活单元。当托儿所和幼儿园合建时，托儿所生活部分应单独分区，并应设单独独立安全出入口，室外活动场地宜分开。

4.2.5 喂奶室、配乳室应符合下列规定：（此条删除）

1 喂奶室、配乳室应临近乳儿室，喂奶室应靠近对外出入口；

2 喂奶室、配乳室应设洗涤盆，配乳室应有加热设施，当使用有污染性燃料时，应有独立的通风、排烟系统。

4.2.5A 乳儿班和托小班生活单元各功能分区应符合下列规定：

1 睡眠区应布置供每个婴幼儿使用的床位，不应布置双层床。床位四周不宜贴靠外墙。

2 配餐区应临近对外出入口，并设有调理台、洗涤池、洗手池、储藏柜等，应设加热设施，宜设通风或排烟设施。

3 清洁区应设淋浴、尿布台、洗涤池、洗手池、污水池、成人厕位等设施。

4 成人厕位应与幼儿卫生间隔离。

4.2.5B 托小班卫生间内应设适合幼儿使用的卫生器具，坐便器高度宜为0.25m以下。每班至少设2个大便器、2个小便器，便器之间应设隔断；每班至少设3个适合幼儿使用的洗手池，高度宜为0.4~0.45m，宽度宜为0.35~0.4m。

4.2.6 乳儿班卫生间至少应设洗涤池2个、污水池1个、保育人员厕位1个。（此条删除）

4.2.6A 托儿所生活用房除应符合以上条款外，尚应符合本规范第4.3.4条、第4.3.6条、第4.3.7条、第4.3.8条、第4.3.14条、第4.3.15条、第4.3.16条的规定。

4.3 幼儿园生活用房

4.3.1 幼儿园的生活用房应由幼儿生活单元和、公共活动用房空间和多功能活动室组成。公共活动空间可根据需要设置。

4.3.3 幼儿园生活单元房间的最小使用面积不应小于表4.3.3的规定，当活动室与寝室合用时，其房间最小使用面积不应少于120 $105m^2$。

表4.3.3 幼儿生活单元房间的最小使用面积（m^2）

房间名称	房间最小使用面积
活动室	70
寝室	60

续表

房间名称		房间最小使用面积
卫生间	厕所	12
	盥洗室	8
衣帽储藏间		9

4.3.5 活动室宜设置的阳台或室外活动平台，且不应影响幼儿生活用房的日照。

4.3.13 卫生间所有设施的配置、形式、尺寸均应符合幼儿人体尺度和卫生防疫的要求。卫生洁具布置应符合下列规定：

2 大便器宜采用蹲式便器，大便器或小便器之间应设隔板，隔板处应加设幼儿扶手。厕位的平面尺寸不应小于 0.70m×0.80m（宽×深），沟槽式的宽度宜为 0.16m~0.18m，坐式便器的高度宜为 0.25m~0.30m。

4.3.17 应设多功能活动室的，位置宜临近幼儿生活单元，其使用面积宜每人 $0.65m^2$，且不应小于 $90m^2$。单独设置时宜与主体建筑用连廊连通，连廊应做雨蓬，严寒地区应做封闭连廊。

4.4 服务管理用房

4.4.1 服务管理用房应宜包括晨检室（厅）、保健观察室、教师值班室、警卫室、储藏室、园长室、所长室、财务室、教师办公室、会议室、教具制作室等房间，。各房间的最小使用面积应宜符合表 4.4.1 的规定。

表 4.4.1 服务管理用房各房间的最小使用面积（m^2）

房间名称	规模		
	小型	中型	大型
晨检室（厅）	10	10	15
保健观察室	12	12	15
教师值班室	10	10	10
警卫室	10	10	10
储藏室	15	18	24
园长室、所长室	15	15	18
财务室	15	15	18
教师办公室	18	18	24
会议室	24	24	30
教具制作室	18	18	24

注：1 晨检室（厅）可设置在门厅内；

2 寄宿制幼儿园应设置教师值班室仅全日制幼儿园设置。；

3 房间可以合用，合用的房间面积可适当减少。

4.4.2　托儿所、幼儿园建筑应设门厅，门厅内宜附设收发、晨检、展示等功能空间。应设置晨检室和收发室，宜设置展示区、婴幼儿和成年人使用的洗手池、婴幼儿车存储等空间，宜设卫生间。

4.5　供应用房

4.5.1　供应用房应宜包括厨房、消毒室、洗衣间、开水间、车库等房间，厨房应自成一区，并与幼儿活动生活用房应有一定距离。

4.5.2A　厨房使用面积宜 $0.4m^2$/每人，且不应小于 $12m^2$。

5　室内环境

5.1　采光

5.1.1　托儿所、幼儿园的生活用房、服务管理用房和供应用房中的各类房间厨房等均应有直接天然采光和自然通风，其采光系数最低值及标准值和窗地面积比应符合表 5.1.1 的规定。

表 5.1.1　采光系数最低标准值和窗地面积比

采光等级	房间场所名称	采光系数最低值（%）	窗地面积比
Ⅲ	活动室、寝室、乳儿室、多功能活动室	2.0 3.0	1 : 5.0 1/5
	多功能活动室	3.0	1/5
	办公室、保健观察室	2.0 3.0	1 : 5.0 1/5
	办公室、辅助用房	2.0	1 : 5.0
	睡眠区、活动区	3.0	1/5
V	卫生间	1.0	1/10
	楼梯间、走廊	1.0	— 1/10

5.2　隔声、噪声控制

5.2.1　托儿所、幼儿园室内允许噪声级应符合表 5.2.1 的规定。

表 5.2.1　室内允许噪声级

房间名称	允许噪声级（A 声级，dB）
活动室、寝室、乳儿室生活单元、保健观察室	≤45
多功能活动室、办公室、保健观察室	≤50

5.2.2　托儿所、幼儿园主要房间的空气声隔声性能应符合表 5.2.2 的规定。

表 5.2.2　空气声隔声标准

房间名称	空气声隔声标准（计权隔声量）（dB）	楼板撞击声隔声单值评价量（dB）
活动室、寝室、乳儿室、生活单元、办公室、保健观察室与相邻房间之间	≥50	≤65
多功能活动室与相邻房间之间	≥45	≤75

6　建筑设备

6.1　给水排水

6.1.2　托儿所、幼儿园建筑给水系统的引入管上应设置水表。水表宜设置在室内便于抄表位置；在夏热冬冷地区及严寒地区，当水表设置于室外时，应采取可靠的防冻胀破坏措施。供水总进口管道上可设置紫外线消毒设备。

6.1.3　托儿所、幼儿园建筑给水系统的压力应满足给水用水点配水器具的最低工作压力要求。当压力不能满足要求时，应设置系统增压给水设备，并应符合下列规定：

3　加压水泵应选用低噪声节能型产品，加压泵组及泵房应采取减振防噪措施。；

3A　消防水池、各种供水机房、各种换热机房及变配电房间等不得与婴幼儿生活单元贴邻设置。

6.1.5　托儿所、幼儿园建筑宜设置集中热水供应系统，也可采用分散制备热水或预留安装热水供应设施的条件。当设置集中热水供应系统时，应采用混合水箱单管供应定温热水系统。当采用太阳能、空气源热泵等制备热水时，热水温度低于60℃的系统应设置辅助加热设施。

6.1.12A　托儿所、幼儿园不应设置中水系统。

6.1.12B　托儿所、幼儿园不应设置管道直饮水系统。

6.2　供暖通风和空气调节

6.2.2　采用低温地面辐射供暖方式时，地面表面温度不应超过28℃。热水地面辐射供暖系统供水温度宜采用35℃～45℃，不应大于60℃；供回水温差不宜大于10℃，且不宜小于5℃。

6.2.7　供暖系统应设置热计量装置，并应实现分室控温在末端供暖设施设置恒温控制阀进行室温调控。

6.2.9　托儿所、幼儿园房间的供暖设计温度宜符合表6.2.9的规定。

表6.2.9　托儿所、幼儿园房间的供暖设计温度

房间名称	室内设计温度（℃）
活动室、寝室、喂奶室、保健观察室 配奶室、晨检室（厅）、办公室	20
乳儿室睡眠区、活动区、喂奶室	24
盥洗室、厕所	22
门厅、走廊、楼梯间、厨房	16
洗衣房	18
淋浴室、更衣室	25

6.2.11　托儿所、幼儿园建筑通风设计应符合下列表6.2.11-1、表6.2.11-2规定：

1　应优先采用有组织自然通风设施；

2　当采用换气次数确定室内通风量时，房间的换气次数不应低于表6.2.11-1的规定；

3　采用机械通风或空调房间，人员所需新风量应不小于表6.2.11-2的规定。

表6.2.11-1　房间的换气次数

房间名称	换气次数（次/h）
活动室、寝室、睡眠区、活动区、喂奶室	3～5
寝室	3
厕所卫生间	10
多功能活动室	3～5

表 6.2.11-2 人员所需最小新风量

房间名称	新风量（m^3/h 人）
活动室、寝室、活动区、睡眠区	20 30
寝室	20
保健观察室	38
多功能活动室	20 30

6.2.12 托儿所、幼儿园建筑的公共厨房、公共淋浴室、无外窗卫生间等，宜应设置有带防止回流构造措施的排气通风竖井，并应安装机械排风装置。

6.2.13 对于夏热冬暖地区、夏热冬冷地区的托儿所、幼儿园建筑，当夏季依靠开窗不能实现基本热舒适要求，且幼儿活动室、寝室等房间不设置空调设施时，每间幼儿活动室、寝室等房间宜安装具有防护网且可变风向的吸顶式电风扇。

6.2.14 最热月平均室外气温大于和等于25℃地区的托儿所、幼儿园建筑，宜设置空调设备或预留安装空调设备的条件，并应符合下列规定：

1 空调房间室内设计参数应符合表 6.2.14 的规定；

表 6.2.14 空调房间室内设计参数

参数		冬季	夏季
温度（℃）	活动室、寝室、喂奶室 保健观察室、配奶室 晨检室（厅）、办公室	20	25
	乳儿室 睡眠区、活动区、喂奶室	24	25
风速（v）（m/s）		0.10≤v≤0.20	0.15≤v≤0.30
相对湿度（%）		30~60	40~60

6.2.16 防排烟系统设计应符合国家现行有关防火标准的规定，当需要设置送风口、排风口时，风口底边距地面应大于 1.5m。（此条删除）

6.3 建筑电气

6.3.1 活动室、寝室、图书室、美工室等幼儿用房宜采用细管径直管形三基色荧光灯，配用电子镇流器，也可采用防频闪性能好的其他节能光源，不宜采用裸管荧光灯灯具；保健观察室、办公室等可采用细管径直管形三基色荧光灯，配用电子镇流器或节能型电感镇流器，或采用 LED 等其他节能光源。

睡眠区、活动区、喂奶室应采用漫光型灯具，光源应采用防频闪性能好的节能光源。寄宿制幼儿园的寝室宜设置夜间巡视照明设施。

6.3.4 托儿所、幼儿园的房间照明标准值应符合表6.3.4的规定

表6.3.4 房间照明标准值

房间或场所	参考平面及其高度	照度标准值（lx）	*UGR*	*Ra*
活动室	地面	300	19	90 80
图书室	0.5m水平面	300	19	
美工室	0.5m水平面	500	19	
多功能活动室	地面	300	19	
寝室、睡眠区、活动区	0.5m水平面	100	19	
办公室、会议室	0.75m水平面	300	19	
厨房	台面	200	—	
门厅、走道	地面	150	—	
喂奶室	0.5m水平面	150	19	

6.3.5 托儿所、幼儿园的房间内应设置插座，且位置和数量根据需要确定。活动室插座不应少于四组，寝室、图书室、美工室插座不应少于二组。插座应采用安全型，安装高度不应低于1.8m。插座回路与照明回路应分开设置，插座回路应设置剩余电流动作保护。，其额定动作电流不应大于30mA。

6.3.7 托儿所、幼儿园安全技术防范系统的设置应符合下列规定：

1 幼儿园园区大门、建筑物出入口、楼梯间、走廊、厨房等应设置视频安防监控系统；

2 幼儿园周界宜设置入侵报警系统、电子巡查系统；

3 厨房、重要机房宜财务室应设置入侵报警系统。；建筑物出入口、楼梯间、厨房、配电间等处宜设置入侵报警系统；

3A 园区大门、厨房宜设置出入口控制系统。

6.3.8 大、中型托儿所、幼儿园建筑应设置电话系统、计算机网络系统，、并宜设置广播系统、，并宜设置有线电视系统。、教学多媒体设施。小型托儿所、幼儿园建筑应设置电话系统、计算机网络系统，宜设置广播系统、有线电视系统。

本规范用词说明

1 为便于在执行本规范条文时，对要求严格程度不同的用词说明如下：

1）表示很严格，非这样做不可的：

正面词采用“必须”，反面词采用“严禁”；

2）表示严格，在正常情况下均应这样做的：

正面词采用“应”，反面词采用“不应”或“不得”；

3）表示允许稍有选择，在条件许可时首先应这样做的：

正面词采用“宜”，反面词采用“不宜”；

4）表示有选择，在一定条件下可以这样做的，采用“可”。

2 条文中指明应按其他有关标准执行的写法为：“应符合……的规定”或“应按……执行”。

引用标准名录

1 《建筑结构荷载规范》（GB50009）

2 《生活饮用水卫生标准》（GB5749）

3 《室内空气质量标准》（GB/T18883）

4 《建筑给水排水设计规范》（GB50015）

5 《建筑设计防火规范》（GB50016）

6 《建筑采光设计标准》（GB50033）

7 《汽车库、修车库、停车场设计防火规范》（GB50067）

8 《民用建筑隔声设计规范》（GB50118）

9 《建筑给水排水及采暖工程施工质量验收规范》（GB50242）

10 《民用建筑工程室内环境污染控制规范》（GB50325）

11 《民用建筑供暖通风与空气调节设计规范》（GB50736）

12 《饮食建筑设计规范标准》（JGJ64）

13 《车库建筑设计规范》（JGJ100）

14 《饮用净水水质标准》（CJ94）

托儿所、幼儿园建筑设计规范（JGJ39-2016）

1 总　　则

1.0.1 为保证托儿所、幼儿园建筑设计质量，使建筑设计满足适用、安全、卫生、经济、美观等方面的基本要求，制定本规范。

1.0.2 本规范适用于新建、扩建、改建托儿所、幼儿园的建筑设计。

1.0.3 幼儿园的规模应符合表 1.0.3-1 的规定，托儿所、幼儿园的每班人数宜符合表 1.0.3-2 的规定。

表 1.0.3-1 幼儿园的规模

规模	班数（班）
小型	1~4
中型	5~9
大型	10~12

表 1.0.3-2 托儿所、幼儿园的每班人数

名称	班别		人数（人）
托儿所	乳儿班		10~15
	托儿班	小、中班	15~20
		托儿班	21~25
幼儿园	小班		20~25
	中班		26~30
	大班		31~35

1.0.4 托儿所、幼儿园的建筑设计应遵循下列原则：

1 满足使用功能要求，有益于幼儿健康成长；

2 保证幼儿、教师及工作人员的环境安全，并具备防灾能力；

3 符合节约土地、能源，环境保护的基本方针。

1.0.5 托儿所、幼儿园建筑设计除应符合本规范外，尚应符合国家现行有关标准的规定。

2 术　　语

2.0.1　托儿所 nursery

用于哺育和培育 3 周岁以下婴幼儿使用的场所。

2.0.2　幼儿园 kindergarten

对 3 周岁～6 周岁的幼儿进行集中保育、教育的学前使用场所。

2.0.3　全日制幼儿园 full-time kindergarten

幼儿仅白天在园内生活的幼儿园。

2.0.4　寄宿制幼儿园 boarding kindergarten

幼儿昼夜均在园内生活的幼儿园。

2.0.5　幼儿生活用房 living room

供幼儿班级活动及公共活动的空间。

2.0.6　幼儿生活单元 unit of living room

供幼儿班级独立生活的空间。

2.0.7　活动室 play chamber；activity room

幼儿生活单元中供幼儿进行各种室内日常活动的空间。

2.0.8　寝室 bedroom

幼儿生活单元中供幼儿睡眠的空间。

2.0.9　多功能活动室 multi-functional room

供全园幼儿进行文艺、体育等多功能活动的空间。

2.0.10　乳儿室 suckling room

供乳儿班婴儿玩耍、睡眠等日常生活的空间。

2.0.11　喂奶室 nursing room

供乳儿哺乳的空间。

2.0.12　配奶室 mix-the-milk room

供配制乳儿用乳汁的空间。

2.0.13　晨检室（厅）morning inspection room

供幼儿入园时进行健康检查的空间。

2.0.14　保健观察室 health-care and observation room

供病儿进行临时隔离、观察、治疗的空间。

2.0.15　服务管理用房 service room

供对外联系，对内为幼儿保健和教育服务管理的空间。

2.0.16　供应用房 supply room

供托儿所、幼儿园人员饮食、饮水、洗衣等后勤服务使用的空间。

3　基地和总平面

3.1　基地

3.1.1　托儿所、幼儿园建设基地的选择应符合当地总体规划和国家现行有关标准的要求。

3.1.2　托儿所、幼儿园的基地应符合下列规定：

1　应建设在日照充足、交通方便、场地平整、干燥、排水通畅、环境优美、基础设施完善的地段；

2　不应置于易发生自然地质灾害的地段；

3　与易发生危险的建筑物、仓库、储罐、可燃物品和材料堆场等之间的距离应符合国家现行有关标准的规定；

4　不应与大型公共娱乐场所、商场、批发市场等人流密集的场所相毗邻；

5　应远离各种污染源，并应符合国家现行有关卫生、防护标准的要求；

6　园内不应有高压输电线、燃气、输油管道主干道等穿过。

3.1.3　托儿所、幼儿园的服务半径宜为300m~500m。

3.2　总平面

3.2.1　托儿所、幼儿园的总平面设计应包括总平面布置、竖向设计和管网综合等设计。总平面布置应包括建筑物、室外活动场地、绿化、道路布置等内容，设计应功能分区合理、方便管理、朝向适宜、日照充足，创造符合幼儿生理、心理特点的环境空间。

3.2.2　三个班及以上的托儿所、幼儿园建筑应独立设置。两个班及以下时，可与居住建筑合建，但应符合下列规定：

1　幼儿生活用房应设在居住建筑的底层；

2　应设独立出入口，并应与其他建筑部分采取隔离措施；

3　出入口处应设置人员安全集散和车辆停靠的空间；

4　应设独立的室外活动场地，场地周围应采取隔离措施；

5　室外活动场地范围内应采取防止物体坠落措施。

3.2.3　托儿所、幼儿园应设室外活动场地，并应符合下列规定：

1　每班应设专用室外活动场地，面积不宜小于$60m^2$，各班活动场地之间宜采取分隔措施；

2　应设全园共用活动场地，人均面积不应小于$2m^2$；

3　地面应平整、防滑、无障碍、无尖锐突出物，并宜采用软质地坪；

4　共用活动场地应设置游戏器具、沙坑、30m跑道、洗手池等，宜设戏水池，储水深度不应超过0.30m；游戏器具下面及周围应设软质铺装；

5　室外活动场地应有1/2以上的面积在标准建筑日照阴影线之外。

3.2.4　托儿所、幼儿园场地内绿地率不应小于30%，宜设置集中绿化用地。绿地内不应种植有毒、带刺、有飞絮、病虫害多、有刺激性的植物。

3.2.5 托儿所、幼儿园在供应区内宜设杂物院，并应与其他部分相隔离。杂物院应有单独的对外出入口。

3.2.6 托儿所、幼儿园基地周围应设围护设施，围护设施应安全、美观，并应防止幼儿穿过和攀爬。在出入口处应设大门和警卫室，警卫室对外应有良好的视野。

3.2.7 托儿所、幼儿园出入口不应直接设置在城市干道一侧；其出入口应设置供车辆和人员停留的场地，且不应影响城市道路交通。

3.2.8 托儿所、幼儿园的幼儿生活用房应布置在当地最好朝向，冬至日底层满窗日照不应小于3小时。

3.2.9 夏热冬冷、夏热冬暖地区的幼儿生活用房不宜朝西向；当不可避免时，应采取遮阳措施。

4 建筑设计

4.1 一般规定

4.1.1 托儿所、幼儿园建筑应由幼儿生活用房、服务管理用房和供应用房等部分组成。

4.1.2 托儿所、幼儿园建筑宜按幼儿生活单元组合方法进行设计，各班幼儿生活单元应保持使用的相对独立性。

4.1.3 托儿所、幼儿园中的幼儿生活用房不应设置在地下室或半地下室，且不应布置在四层及以上；托儿所部分应布置在一层。

4.1.4 托儿所、幼儿园的建筑造型和室内设计应符合幼儿的心理和生理特点。

4.1.5 托儿所、幼儿园建筑窗的设计应符合下列规定：

1 活动室、多功能活动室的窗台面距地面高度不宜大于0.60m；

2 当窗台面距楼地面高度低于0.90m时，应采取防护措施，防护高度应由楼地面起计算，不应低于0.90m；

3 窗距离楼地面的高度小于或等于1.80m的部分，不应设内悬窗和内平开窗扇；

4 外窗开启扇均应设纱窗。

4.1.6 活动室、寝室、多功能活动室等幼儿使用的房间应设双扇平开门，门净宽不应小于1.20m。

4.1.7 严寒和寒冷地区托儿所、幼儿园建筑的外门应设门斗。

4.1.8 幼儿出入的门应符合下列规定：

1 距离地面1.20m以下部分，当使用玻璃材料时，应采用安全玻璃；

2 距离地面 0.60m 处宜加设幼儿专用拉手；

3 门的双面均应平滑、无棱角；

4 门下不应设门槛；

5 不应设置旋转门、弹簧门、推拉门，不宜设金属门；

6 活动室、寝室、多功能活动室的门均应向人员疏散方向开启，开启的门扇不应妨碍走道疏散通行；

7 门上应设观察窗，观察窗应安装安全玻璃。

4.1.9 托儿所、幼儿园的外廊、室内回廊、内天井、阳台、上人屋面、平台、看台及室外楼梯等临空处应设置防护栏杆，栏杆应以坚固、耐久的材料制作，防护栏杆水平承载能力应符合《建筑结构荷载规范》（GB 50009）的规定。防护栏杆的高度应从地面计算，且净高不应小于 1.10m。防护栏杆必须采用防止幼儿攀登和穿过的构造，当采用垂直杆件做栏杆时，其杆件净距离不应大于 0.11m。

4.1.10 距离地面高度 1.30m 以下，幼儿经常接触的室内外墙面，宜采用光滑易清洁的材料；墙角、窗台、暖气罩、窗口竖边等阳角处应做成圆角。

4.1.11 楼梯、扶手和踏步等应符合下列规定：

1 楼梯间应有直接的天然采光和自然通风；

2 楼梯除设成人扶手外，应在梯段两侧设幼儿扶手，其高度宜为 0.60m；

3 供幼儿使用的楼梯踏步高度宜为 0.13m，宽度宜为 0.26m；

4 严寒地区不应设置室外楼梯；

5 幼儿使用的楼梯不应采用扇形、螺旋形踏步；

6 楼梯踏步面应采用防滑材料；

7 楼梯间在首层应直通室外。

4.1.12 幼儿使用的楼梯，当楼梯井净宽度大于 0.11m 时，必须采取防止幼儿攀滑措施。楼梯栏杆应采取不易攀爬的构造，当采用垂直杆件做栏杆时，其杆件净距不应大于 0.11m。

4.1.13 幼儿经常通行和安全疏散的走道不应设有台阶，当有高差时，应设置防滑坡道，其坡度不应大于 1：12。疏散走道的墙面距地面 2m 以下不应设有壁柱、管道、消火栓箱、灭火器、广告牌等突出物。

4.1.14 托儿所、幼儿园建筑走廊最小净宽不应小于表 4.1.14 的规定。

表 4.1.14　走廊最小净宽度（m）

房间名称	走廊布置	
	中间走廊	单面走廊或外廊
生活用房	2.4	1.8
服务、供应用房	1.5	1.3

4.1.15　建筑室外出入口应设雨篷，雨篷挑出长度宜超过首级踏步 0.50m 以上。

4.1.16　出入口台阶高度超过 0.30m，并且侧面临空时，应设置防护设施，防护设施净高不应低于 1.05m。

4.1.17　活动室、寝室、乳儿室、多功能活动室的室内最小净高不应低于表 4.1.17 的规定。

表 4.1.17　室内最小净高（m）

房间名称	净高
活动室、寝室、乳儿室	3.0
多功能活动室	3.9

4.1.18　托儿所、幼儿园建筑防火设计应符合现行国家标准《建筑设计防火规范》（GB 50016）的规定。

4.2　托儿所生活用房

4.2.1　托儿所应包括托儿班和乳儿班，托儿班宜接纳 2 周岁~3 周岁的幼儿，乳儿班宜接纳 2 周岁以下幼儿。

4.2.2　托儿班生活用房的使用面积及要求应与幼儿园生活用房相同。

4.2.3　乳儿班房间的设置和最小使用面积应符合表 4.2.3 的规定。

表 4.2.3　乳儿班每班房间最小使用面积（m^2）

房间名称	使用面积
乳儿室	50
喂奶室	15
配乳室	8
卫生间	10
储藏室	8

4.2.4　每个托儿班和乳儿班的生活用房均应为每班独立使用的生活单元。当托儿所和幼儿园合建时，托儿所生活部分应单独分区，并应设单独出入口。

4.2.5　喂奶室、配乳室应符合下列规定：

1　喂奶室、配乳室应临近乳儿室，喂奶室应靠近对外出入口；

2　喂奶室、配乳室应设洗涤盆，配乳室应有加热设施，当使用有污染性燃料时，应有独立的通风、排烟系统。

4.2.6　乳儿班卫生间至少应设洗涤池2个、污水池1个、保育人员厕位1个。

4.3　幼儿园生活用房

4.3.1　幼儿园的生活用房应由幼儿生活单元和公共活动用房组成。

4.3.2　幼儿生活单元应设置活动室、寝室、卫生间、衣帽储藏间等基本空间。

4.3.3　幼儿园生活单元房间的最小使用面积不应小于表4.3.3的规定，当活动室与寝室合用时，其房间最小使用面积不应小于120m^2。

表4.3.3　幼儿生活单元房间的最小使用面积（m^2）

房间名称		房间最小使用面积
活动室		70
寝室		60
卫生间	厕所	12
	盥洗室	8
衣帽储藏间		9

4.3.4　单侧采光的活动室进深不宜大于6.60m。

4.3.5　活动室宜设阳台或室外活动平台，且不应影响幼儿生活用房的日照。

4.3.6　同一个班的活动室与寝室应设置在同一楼层内。

4.3.7　活动室、寝室、多功能活动室等幼儿使用的房间应做暖性、有弹性的地面，儿童使用的通道地面应采用防滑材料。

4.3.8　活动室、多功能活动室等室内墙面应具有展示教材、作品和空间布置的条件。

4.3.9　寝室应保证每一幼儿设置一张床铺的空间，不应布置双层床。床位侧面或端部距外墙距离不应小于0.60m。

4.3.10　卫生间应由厕所、盥洗室组成，并宜分间或分隔设置。无外窗的卫生间，应设置防止回流的机械通风设施。

4.3.11　每班卫生间的卫生设备数量不应少于表4.3.11的

规定，且女厕大便器不应少于4个，男厕大便器不应少于2个。

表4.3.11　每班卫生间卫生设备的最少数量

污水池（个）	大便器（个）	小便器（沟槽）（个或位）	盥洗台（水龙头，个）
1	6	4	6

4.3.12　卫生间应临近活动室或寝室，且开门不宜直对寝室或活动室。盥洗室与厕所之间应有良好的视线贯通。

4.3.13　卫生间所有设施的配置、形式、尺寸均应符合幼儿人体尺度和卫生防疫的要求。卫生洁具布置应符合下列规定：

1　盥洗池距地面的高度宜为0.50m～0.55m，宽度宜为0.40m～0.45m，水龙头的间距宜为0.55m～0.60m；

2　大便器宜采用蹲式便器，大便器或小便槽均应设隔板，隔板处应加设幼儿扶手。厕位的平面尺寸不应小于0.70m×0.80m（宽×深），沟槽式的宽度宜为0.16m～0.18m，坐式便器的高度宜为0.25m～0.30m。

4.3.14　厕所、盥洗室、淋浴室地面不应设台阶，地面应防滑和易于清洗。

4.3.15　夏热冬冷和夏热冬暖地区，托儿所、幼儿园建筑的幼儿生活单元内宜设淋浴室；寄宿制幼儿生活单元内应设置淋浴室，并应独立设置。

4.3.16　封闭的衣帽储藏室宜设通风设施。

4.3.17　多功能活动室的位置宜临近幼儿生活单元，单独设置时宜与主体建筑用连廊连通，连廊应做雨篷，严寒和寒冷地区应做封闭连廊。

4.4　服务管理用房

4.4.1　服务管理用房应包括晨检室（厅）、保健观察室、教师值班室、警卫室、储藏室、园长室、财务室、教师办公室、会议室、教具制作室等房间，最小使用面积应符合表4.4.1的规定。

表4.4.1　服务管理用房的最小使用面积（m^2）

房间名称	规模		
	小型	中型	大型
晨检室（厅）	10	10	15
保健观察室	12	12	15
教师值班室	10	10	10
警卫室	10	10	10

续表

房间名称	规模		
	小型	中型	大型
储藏室	15	18	24
园长室	15	15	18
财务室	15	15	18
教师办公室	18	18	24
会议室	24	24	30
教具制作室	18	18	24

注：1 晨检室（厅）可设置在门厅内；

2 教师值班室仅全日制幼儿园设置。

4.4.2 托儿所、幼儿园建筑应设门厅，门厅内宜附设收发、晨检、展示等功能空间。

4.4.3 晨检室（厅）应设在建筑物的主入口处，并应靠近保健观察室。

4.4.4 保健观察室设置应符合下列规定：

1 应设有一张幼儿床的空间；

2 应与幼儿生活用房有适当的距离，并应与幼儿活动路线分开；

3 宜设单独出入口；

4 应设给水、排水设施；

5 应设独立的厕所，厕所内应设幼儿专用蹲位和洗手盆。

4.4.5 教职工的卫生间、淋浴室应单独设置，不应与幼儿合用。

4.5 供应用房

4.5.1 供应用房应包括厨房、消毒室、洗衣间、开水间、车库等房间，厨房应自成一区，并与幼儿活动用房应有一定距离。

4.5.2 厨房应按工艺流程合理布局，并应符合国家现行有关卫生标准和现行行业标准《饮食建筑设计规范》（JGJ 64）的规定。

4.5.3 厨房加工间室内净高不应低于3.0m。

4.5.4 厨房室内墙面、隔断及各种工作台、水池等设施的表面应采用无毒、无污染、光滑和易清洁的材料；墙面阴角宜做弧形；地面应防滑并应设排水设施。

4.5.5 当托儿所、幼儿园建筑为二层及以上时，应设提升食梯。食梯呼叫按钮距地面高度应大于1.70m。

4.5.6 寄宿制托儿所、幼儿园建筑应设置集中洗衣房。

4.5.7 托儿所、幼儿园建筑应设玩具、图书、衣被等物品专用消毒间。

4.5.8 当托儿所、幼儿园场地内设汽车库时，汽车库应与儿童活动区域分开，应设置单独的车道和出入口，并应符合现行行业标准《车库建筑设计规范》（JGJ 100）和现行国家标准《汽车库、修车库、停车场设计防火规范》（GB 50067）的规定。

5 室内环境

5.1 采光

5.1.1 托儿所、幼儿园的生活用房、服务管理用房和供应用房中的各类房间均应有直接天然采光和自然通风，其采光系数最低值及窗地面积比应符合表5.1.1的规定。

表5.1.1 采光系数最低值和窗地面积比

房间名称	采光系数最低值（%）	窗地面积比
活动室、寝室、乳儿室、多功能活动室	2.0	1 : 5.0
保健观察室	2.0	1 : 5.0
办公室、辅助用房	2.0	1 : 5.0
楼梯间、走廊	1.0	——

5.1.2 托儿所、幼儿园建筑采光应符合现行国家标准《建筑采光设计标准》（GB 50033）的有关规定。

5.2 隔声、噪声控制

5.2.1 托儿所、幼儿园建筑室内允许噪声级应符合表5.2.1的规定。

表5.2.1 室内允许噪声级

房间名称	允许噪声级（A. 声级.dB）
活动室、寝室、乳儿室	≤45
多功能活动室、办公室、保健观察室	≤50

5.2.2 托儿所、幼儿园建筑主要房间的空气声隔声标准应符合表5.2.2的规定。

表5.2.2 空气声隔声标准

房间名称	空气声隔声标准（计权隔声量）（dB）	楼板撞击声隔声单值评价量（dB）
活动室、寝室、乳儿室、保健观察室与相邻房间之间	≥50	≤65
多功能活动室与相邻房间之间	≥45	≤75

5.2.3　托儿所、幼儿园建筑的环境噪声应符合现行国家标准《民用建筑隔声设计规范》（GB 50118）的有关规定。

5.3　空气质量

5.3.1　托儿所、幼儿园的室内空气质量应符合现行国家标准《室内空气质量标准》（GB/T 18883）的有关规定。

5.3.2　托儿所、幼儿园的幼儿用房应有良好的自然通风，其通风口面积不应小于房间地板面积的1/20。夏热冬冷、严寒和寒冷地区的幼儿用房应采取有效的通风设施。

5.3.3　托儿所、幼儿园建筑使用的建筑材料、装修材料和室内设施应符合现行国家标准《民用建筑工程室内环境污染控制规范》（GB 50325）的有关规定。

6　建筑设备

6.1　给水排水

6.1.1　托儿所、幼儿园建筑应设置给水排水系统，且设备选型和系统配置应适合幼儿需要。用水量标准、系统选择和水质应符合国家现行标准《建筑给水排水设计规范》（GB 50015）、《生活饮用水卫生标准》（GB 5749）、《饮用净水水质标准》（CJ 94）和《建筑给水排水及采暖工程施工质量验收规范》（GB 50242）的规定。

6.1.2　托儿所、幼儿园建筑给水系统的引入管上应设置水表。水表宜设置在室内便于抄表位置；在夏热冬冷地区及严寒地区，当水表设置于室外时，应采取可靠的防冻胀破坏措施。

6.1.3　托儿所、幼儿园建筑给水系统的压力应满足给水用水点配水器具的最低工作压力要求。当压力不能满足要求时，应设置系统增压给水设备，并应符合下列规定：

1　当设有二次供水设施时，供水设施不应对水质产生污染；

2　当设置水箱时，应设置消毒设备，并宜采用紫外线消毒方式；

3　加压水泵应选用低噪声节能型产品，加压泵组及泵房应采取减振防噪措施。

6.1.4　托儿所、幼儿园建筑给水系统入户管的给水压力不应大于0.35MPa；当水压大于0.35MPa时，应设置减压设施。

6.1.5　托儿所、幼儿园建筑宜设置集中热水供应系统，也可采用分散制备热水或预留安装热水供应设施的条件。当设置集中热水供应系统时，应采用混合水箱单管供应定温热水系统。

6.1.6 盥洗室、淋浴室、厕所、公共洗衣房应设置地漏，其水封深度不得小于50mm，洗衣机排水应设置专用地漏或洗衣机排水存水弯。

6.1.7 便池宜设置感应冲洗装置。

6.1.8 托儿所、幼儿园建筑内单独设置的清扫间、消毒间应配备给水和排水设施。

6.1.9 托儿所、幼儿园建筑厨房的含油污水，应经除油装置处理后再排入户外污水管道。

6.1.10 消火栓系统、自动喷水灭火系统及气体系统灭火设计等，应符合国家现行有关防火标准的规定。当设置消火栓灭火设施时，消防立管阀门布置应避免幼儿碰撞，并应将消火栓箱暗装设置。单独配置的灭火器箱应设置在不妨碍通行处。

6.1.11 托儿所、幼儿园建筑应设置饮用水开水炉，宜采用电开水炉。开水炉应设置在专用房间内，并应设置防止幼儿接触的保护措施。

6.1.12 绿地可设置洒水栓，运动场地应设置排水设施。

6.2 供暖通风和空气调节

6.2.1 具备条件的托儿所、幼儿园建筑的供暖系统宜纳入区域集中供热管网，具备利用可再生能源条件且技术经济合理时，应优先利用可再生能源为供暖热源。当符合现行国家标准《民用建筑供暖通风与空气调节设计规范》（GB 50736）的规定时，可采用电供暖方式。

6.2.2 采用低温地面辐射供暖方式时，地面表面温度不应超过28℃。

6.2.3 严寒与寒冷地区应设置集中供暖设施，并宜采用热水集中供暖系统；夏热冬冷地区宜设置集中供暖设施；对于其他区域，冬季有较高室温要求的房间宜设置单元式供暖装置。

6.2.4 用于供暖系统总体调节和检修的设施，应设置于幼儿活动室和寝室之外。

6.2.5 当采用散热器供暖时，散热器应暗装。

6.2.6 当采用电采暖时，应有可靠的安全防护措施。

6.2.7 供暖系统应设置热计量装置，并应实现分室控温。

6.2.8 乡村托儿所、幼儿园建筑宜就地取材，采用可靠的能源形式供暖，并应保障环境安全。

6.2.9 托儿所、幼儿园房间的供暖设计温度宜符合表6.2.9的规定。

表 6.2.9　托儿所、幼儿园房间的供暖设计温度

房间名称	室内设计温度（℃）
活动室、寝室、喂奶室、保健观察室、配奶室、晨检室（厅）、办公室	20
乳儿室	24
盥洗室、厕所	22
门厅、走廊、楼梯间、厨房	16
洗衣房	18
淋浴室、更衣室	25

6.2.10　托儿所、幼儿园建筑与其他建筑共用集中供暖热源时，宜设置过渡季供暖设施。

6.2.11　托儿所、幼儿园建筑通风设计应符合下列规定：

1　应优先采用有组织自然通风设施；

2　当采用换气次数确定室内通风量时，房间的换气次数不应低于表 6.2.11-1 的规定；

3　采用机械通风或空调房间，人员所需新风量应不小于表 6.2.11-2 的规定。

表 6.2.11-1　房间的换气次数

房间名称	换气次数（次/h）
活动室	3
寝室	3
厕所	10
多功能活动室	3

表 6.2.11-2　人员所需最小新风量

房间名称	新风量［m^3/（h·人）］
活动室	20
寝室	20
保健观察室	38
多功能活动室	20

6.2.12　托儿所、幼儿园建筑的公共厨房、公共淋浴室、无外窗卫生间等，宜设置有防回流构造的排气通风竖井，并应安装机械排风装置。

6.2.13　夏热冬暖地区、夏热冬冷地区的托儿所、幼儿园建筑，当夏季依靠开窗不能实现基本热舒适要求，且幼儿活动室、寝室等房间不设置空调设施时，幼儿活动室、寝室等房间宜安装具有防护网且可变风向的吸顶式电风扇。

6.2.14 最热月平均室外气温大于和等于25℃地区的托儿所、幼儿园建筑，宜设置空调设备或预留安装空调设备的条件，并应符合下列规定：

1 空调房间室内设计参数应符合表6.2.14的规定；

表6.2.14 空调房间室内设计参数

参数		冬季	夏季
温度（℃）	活动室、寝室、喂奶室、保健观察室、配奶室、晨检室（厅）、办公室	20	25
	乳儿室	24	25
风速（v）（m/s）		$0.10 \leq v \leq 0.20$	$0.15 \leq v \leq 0.30$
相对湿度（%）		30～60	40～60

2 当采用集中空调系统或集中新风系统时，应设置空气净化消毒装置和供风管系统清洗、消毒用的可开闭窗口；

3 当采用分散空调方式时，应设置保证室内新风量满足国家现行卫生标准的装置。

6.2.15 设置非集中空调设备的托儿所、幼儿园建筑，应对空调室外机的位置统一设计。空调设备的冷凝水应有组织排放。空调室外机应安装在室外地面或通道地面2.0m以上，且幼儿无法接触的位置。

6.2.16 防排烟系统设计应符合国家现行有关防火标准的规定，当需要设置送风口、排风口时，风口底边距地面应大于1.5m。

6.3 建筑电气

6.3.1 活动室、寝室、图书室、美工室等幼儿用房宜采用细管径直管形三基色荧光灯，配用电子镇流器，也可采用防频闪性能好的其他节能光源，不宜采用裸管荧光灯灯具；保健观察室、办公室等可采用细管径直管形三基色荧光灯，配用电子镇流器或节能型电感镇流器，或采用其他节能光源。寄宿制幼儿园的寝室宜设置夜间巡视照明设施。

6.3.2 活动室、寝室、幼儿卫生间等幼儿用房宜设置紫外线杀菌灯，也可采用安全型移动式紫外线杀菌消毒设备。

6.3.3 托儿所、幼儿园的紫外线杀菌灯的控制装置应单独设置，并应采取防误开措施。

6.3.4 托儿所、幼儿园的房间照明标准值应符合表6.3.4的规定。

表 6.3.4 房间照明标准值

房间或场所	参考平面及其高度	照度标准值（lx）	*UGR*	R_a
活动室	地面	300	19	80
图书室	0.5m 水平面	300	19	80
美工室	0.5m 水平面	500	19	90
多功能活动室	地面	300	19	80
寝室	0.5m 水平面	100	19	80
办公室、会议室	0.75m 水平面	300	19	80
厨房	台面	200	—	80
门厅、走道	地面	150	—	80

6.3.5 托儿所、幼儿园的房间内应设置插座，且位置和数量根据需要确定。活动室插座不应少于四组，寝室、图书室、美工室插座不应少于两组。插座应采用安全型，安装高度不应低于1.8m。插座回路与照明回路应分开设置，插座回路应设置剩余电流动作保护。

6.3.6 幼儿活动场所不宜安装配电箱、控制箱等电气装置；当不能避免时，应采取安全措施，装置底部距地面高度不得低于1.8m。

6.3.7 托儿所、幼儿园安全技术防范系统的设置应符合下列规定：

1 幼儿园园区大门、建筑物出入口、楼梯间、走廊等应设置视频安防监控系统；

2 幼儿园周界宜设置入侵报警系统、电子巡查系统；

3 厨房、重要机房宜设置入侵报警系统。

6.3.8 托儿所、幼儿园建筑应设置电话系统、计算机网络系统，并宜设置广播系统、有线电视系统。

6.3.9 托儿所、幼儿园建筑的应急照明设计、火灾自动报警系统设计、防雷与接地设计、供配电系统设计、安防设计等，应符合国家现行有关标准的规定。

本规范用词说明

1 为便于在执行本规范条文时，对要求严格程度不同的用词说明如下：

1）表示很严格，非这样做不可的：

正面词采用“必须”，反面词采用“严禁”；

2）表示严格，在正常情况下均应这样做的：

正面词采用“应”，反面词采用“不应”或“不得”；

3）表示允许稍有选择，在条件许可时首先应这样做的：

正面词采用“宜”，反面词采用“不宜”；

4）表示有选择，在一定条件下可以这样做的，采用“可”。

2 条文中指明应按其他有关标准执行的写法为：“应符合……的规定”或“应按……执行”。

引用标准名录

1.《建筑结构荷载规范》（GB 50009）
2.《建筑给水排水设计规范》（GB 50015）
3.《建筑设计防火规范》（GB 50016）
4.《建筑采光设计标准》（GB 50033）
5.《汽车库、修车库、停车场设计防火规范》（GB 50067）
6.《民用建筑隔声设计规范》（GB 50118）
7.《建筑给水排水及采暖工程施工质量验收规范》（GB 50242）
8.《民用建筑工程室内环境污染控制规范》（GB 50325）
9.《民用建筑供暖通风与空气调节设计规范》（GB 50736）
10.《生活饮用水卫生标准》（GB S749）
11.《室内空气质量标准》（GB/T 18883）
12.《饮食建筑设计规范》（JG J 64）
13.《车库建筑设计规范》（JG J 100）
14.《饮用净水水质标准》（CJ 94）

托育机构管理规范（试行）

（国卫人口发〔2019〕58号）

第一章 总 则

第一条 为加强托育机构管理，根据《中华人民共和国未成年人保护法》等法律法规以及《国务院办公厅关于促进3岁以下婴幼儿照护服务发展的指导意见》，制定本规范。

第二条 坚持儿童优先的原则，尊重婴幼儿成长特点和规律，最大限度地保护婴幼儿，确保婴幼儿的安全和健康。

第三条 本规范适用于经有关部门登记、卫生健康部门备案，为3岁以下婴幼儿提供全日托、半日托、计时托、临时托等托育服务的机构。

第二章 备案管理

第四条 托育机构登记后，应当向机构所在地的县级以上卫生健康部门备案，提交评价为“合格”的《托幼机构卫生评价报告》、消防安全检查合格证明、场地证明、工作人员资格证明等材料，填写备案书（见附件1）和承诺书（见附件2）。提供餐饮服务的，应当提交《食品经营许可证》。

第五条 卫生健康部门应当对申请备案的托育机构提供备案回执（见附件3）和托育机构基本条件告知书（见附件4）。

第六条 托育机构变更备案事项的，应当向原备案部门办理变更备案。

第七条 托育机构终止服务的，应当妥善安置收托的婴幼儿和工作人员，并办理备案注销手续。

第八条 卫生健康部门应当将托育服务有关政策规定、托育机构备案要求、托育机构有关信息在官方网站公开，接受社会查询和监督。

第三章 收托管理

第九条 婴幼儿父母或监护人（以下统称婴幼儿监护人）应当主动向托育机构提出入托申请，并提交真实的婴幼儿及其监护人的身份证明材料。

第十条 托育机构应当与婴幼儿监护人签订托育服务协

议，明确双方的责任、权利义务、服务项目、收费标准以及争议纠纷处理办法等内容。

第十一条 婴幼儿进入托育机构前，应当完成适龄的预防接种，经医疗卫生机构健康检查合格后方可入托；离开机构3个月以上的，返回时应当重新进行健康检查。

第十二条 托育机构应当建立收托婴幼儿信息管理制度，及时采集、更新，定期向备案部门报送。

第十三条 托育机构应当建立与家长联系的制度，定期召开家长会议，接待来访和咨询，帮助家长了解保育照护内容和方法。

托育机构应当成立家长委员会，事关婴幼儿的重要事项，应当听取家长委员会的意见和建议。

托育机构应当建立家长开放日制度。

第十四条 托育机构应当加强与社区的联系与合作，面向社区宣传科学育儿知识，开展多种形式的服务活动，促进婴幼儿早期发展。

第十五条 托育机构应当建立信息公示制度，定期公示收费项目和标准、保育照护、膳食营养、卫生保健、安全保卫等情况，接受监督。

第四章 保育管理

第十六条 托育机构应当科学合理安排婴幼儿的生活，做好饮食、饮水、喂奶、如厕、盥洗、清洁、睡眠、穿脱衣服、游戏活动等服务。

第十七条 托育机构应当顺应喂养，科学制定食谱，保证婴幼儿膳食平衡。有特殊喂养需求的，婴幼儿监护人应当提供书面说明。

第十八条 托育机构应当保证婴幼儿每日户外活动不少于2小时，寒冷、炎热季节或特殊天气情况下可酌情调整。

第十九条 托育机构应当以游戏为主要活动形式，促进婴幼儿在身体发育、动作、语言、认知、情感与社会性等方面的全面发展。

第二十条 游戏活动应当重视婴幼儿的情感变化，注重与婴幼儿面对面、一对一的交流互动，动静交替，合理搭配多种游戏类型。

第二十一条 托育机构应当提供适宜刺激，丰富婴幼儿的直接经验，支持婴幼儿主动探索、操作体验、互动交流和表达表现，发挥婴幼儿的自主性，保护婴幼儿的好奇心。

第二十二条 托育机构应当建立照护服务日常记录和反馈

制度，定期与婴幼儿监护人沟通婴幼儿发展情况。

第五章　健康管理

第二十三条　托育机构应当按照有关托儿所卫生保健规定，完善相关制度，切实做好婴幼儿和工作人员的健康管理，做好室内外环境卫生。

第二十四条　托育机构应当坚持晨午检和全日健康观察，发现婴幼儿身体、精神、行为异常时，应当及时通知婴幼儿监护人。

第二十五条　托育机构发现婴幼儿遭受或疑似遭受家庭暴力的，应当依法及时向公安机关报案。

第二十六条　婴幼儿患病期间应当在医院接受治疗或在家护理。

第二十七条　托育机构应当建立卫生消毒和病儿隔离制度、传染病预防和管理制度，做好疾病预防控制和婴幼儿健康管理工作。

第二十八条　托育机构工作人员上岗前，应当经医疗卫生机构进行健康检查，合格后方可上岗。

托育机构应当组织在岗工作人员每年进行 1 次健康检查。在岗工作人员患有传染性疾病的，应当立即离岗治疗；治愈后，须持病历和医疗卫生机构出具的健康合格证明，方可返岗工作。

第六章　安全管理

第二十九条　托育机构应当落实安全管理主体责任，建立健全安全防护措施和检查制度，配备必要的安保人员和物防、技防设施。

第三十条　托育机构应当建立完善的婴幼儿接送制度，婴幼儿应当由婴幼儿监护人或其委托的成年人接送。

第三十一条　托育机构应当制订重大自然灾害、传染病、食物中毒、踩踏、火灾、暴力等突发事件的应急预案，定期对工作人员进行安全教育和突发事件应急处理能力培训。

托育机构应当明确专兼职消防安全管理人员及管理职责，加强消防设施维护管理，确保用火用电用气安全。

托育机构工作人员应当掌握急救的基本技能和防范、避险、逃生、自救的基本方法，在紧急情况下必须优先保障婴幼儿的安全。

第三十二条　托育机构应当建立照护服务、安全保卫等监控体系。监控报警系统确保 24 小时设防，婴幼儿生活和活动区域应当全覆盖。

监控录像资料保存期不少于 90 日。

第七章 人员管理

第三十三条 托育机构工作人员应当具有完全民事行为能力和良好的职业道德，热爱婴幼儿，身心健康，无虐待儿童记录，无犯罪记录，并符合国家和地方相关规定要求的资格条件。

第三十四条 托育机构应当建立工作人员岗前培训和定期培训制度，通过集中培训、在线学习等方式，不断提高工作人员的专业能力、职业道德和心理健康水平。

第三十五条 托育机构应当加强工作人员法治教育，增强法治意识。对虐童等行为实行零容忍，一经发现，严格按照有关法律法规和规定，追究有关负责人和责任人的责任。

第三十六条 托育机构应当依法与工作人员签订劳动合同，保障工作人员的合法权益。

第八章 监督管理

第三十七条 托育机构应当加强党组织建设，积极支持工会、共青团、妇联等组织开展活动。

托育机构应当建立工会组织或职工代表大会制度，依法加强民主管理和监督。

第三十八条 托育机构应当制订年度工作计划，每年年底向卫生健康部门报告工作，必要时随时报告。

第三十九条 各级妇幼保健、疾病预防控制、卫生监督等机构应当按照职责加强对托育机构卫生保健工作的业务指导、咨询服务和监督执法。

第四十条 建立托育机构信息公示制度和质量评估制度，实施动态管理，加强社会监督。

第九章 附 则

第四十一条 各省、自治区、直辖市卫生健康行政部门可根据本规范制订具体实施办法。

第四十二条 本规范自发布之日起施行。

附件：

1. 托育机构备案书
2. 备案承诺书
3. 托育机构备案回执
4. 托育机构基本条件告知书

托育机构登记和备案办法（试行）

（国卫办人口发〔2019〕25 号）

第一条 为贯彻落实《国务院办公厅关于促进 3 岁以下婴幼儿照护服务发展的指导意见》（国办发〔2019〕15 号）精神，规范托育机构的登记和备案管理，依据《国家卫生健康委关于印发托育机构设置标准（试行）》和《托育机构管理规范（试行）的通知》（国卫人口发〔2019〕58 号）及相关规定，制定本办法。

第二条 本办法适用于为 3 岁以下婴幼儿提供全日托、半日托、计时托、临时托等服务的托育机构。

第三条 举办托育机构的，应当按照本办法规定办理登记和备案。

法律、行政法规另有规定的，依照有关规定执行。

第四条 举办事业单位性质的托育机构的，向县级以上机构编制部门申请审批和登记。

举办社会服务机构性质的托育机构的，向县级以上民政部门申请注册登记。

举办营利性托育机构的，向县级以上市场监督管理部门申请注册登记。

第五条 托育机构申请登记时，应当在业务范围（或经营范围）中明确托育服务内容。

托育机构申请登记的名称中可包含“托育”字样。

第六条 登记机关应当及时将托育机构登记信息通过共享、交换等方式推送至同级卫生健康部门。

第七条 县级卫生健康部门负责辖区内已登记托育机构的备案。

第八条 托育机构应当及时向机构所在地的县级卫生健康部门备案，登录托育机构备案信息系统，在线填写托育机构备案书、备案承诺书，并提交以下材料扫描件：

（一）营业执照或其他法人登记证书；

（二）托育机构场地证明；

（三）托育机构工作人员专业资格证明及健康合格证明；

（四）评价为“合格”的《托幼机构卫生评价报告》；

（五）消防安全检查合格证明；

（六）法律法规规定的其他相关材料。

提供餐饮服务的，应当提交《食品经营许可证》。

第九条 卫生健康部门在收到托育机构备案材料后，应当在 5 个工作日内提供备案回执和托育机构基本条件告知书。

卫生健康部门发现托育机构备案内容不符合设置标准和管理规范的，应当自接收备案材料之日起 15 个工作日内通知备案机构，说明理由并向社会公开。

第十条 托育机构变更登记、注销登记后，应当及时登录托育机构备案信息系统向卫生健康部门变更备案信息或报送注销信息。

第十一条 卫生健康、编制、民政、市场监管等部门应当将托育服务有关政策规定、托育机构登记和备案要求、托育机构有关信息在官方网站公开，接受社会查询和监督。

第十二条 省级卫生健康、编制、民政、市场监管部门可结合当地实际情况制定实施细则。

第十三条 本办法自印发之日起施行。

托育机构保育指导大纲（试行）

（国卫人口发〔2021〕2号）

第一章 总　　则

一、为贯彻《国务院办公厅关于促进3岁以下婴幼儿照护服务发展的指导意见》，依据国家卫生健康委《托育机构设置标准（试行）》《托育机构管理规范（试行）》，指导托育机构为3岁以下婴幼儿（以下简称婴幼儿）提供科学、规范的照护服务，促进婴幼儿健康成长，特制定本大纲。

二、本大纲适用于经有关部门登记、卫生健康部门备案，为婴幼儿提供全日托、半日托等照护服务的托育机构。提供计时托、临时托等照护服务的托育机构可参照执行。

三、托育机构保育是婴幼儿照护服务的重要组成部分，是生命全周期服务管理的重要内容。通过创设适宜环境，合理安排一日生活和活动，提供生活照料、安全看护、平衡膳食和早期学习机会，促进婴幼儿身体和心理的全面发展。

四、托育机构保育应遵循以下基本原则：

（一）尊重儿童。坚持儿童优先，保障儿童权利。尊重婴幼儿成长特点和规律，关注个体差异，促进每个婴幼儿全面发展。

（二）安全健康。最大限度地保护婴幼儿的安全和健康，切实做好托育机构的安全防护、营养膳食、疾病防控等工作。

（三）积极回应。提供支持性环境，敏感观察婴幼儿，理解其生理和心理需求，并及时给予积极适宜的回应。

（四）科学规范。按照国家和地方相关标准和规范，合理安排婴幼儿的生活和活动，满足婴幼儿生长发育的需要。

第二章 目标与要求

托育机构保育工作应当遵循婴幼儿发展的年龄特点与个体差异，通过多种途径促进婴幼儿身体发育和心理发展。保育重点应当包括营养与喂养、睡眠、生活与卫生习惯、动作、语言、认知、情感与社会性等。

一、营养与喂养

（一）目标。

1. 获取安全、营养的食物，达到正常生长发育水平；

2. 养成良好的饮食行为习惯。

（二）保育要点。

1. 7—12 个月

（1）继续母乳喂养，不能继续母乳喂养的婴儿使用配方奶喂养。

（2）及时添加辅食，从富含铁的泥糊状食物开始，遵循由一种到多种、由少到多、由稀到稠、由细到粗的原则。辅食不添加糖、盐等调味品。

（3）每引入新食物要密切观察婴儿是否有皮疹、呕吐、腹泻等不良反应。

（4）注意观察婴儿所发出的饥饿或饱足的信号，并及时、恰当回应，不强迫喂食。

（5）鼓励婴儿尝试自己进食，培养进餐兴趣。

2. 13—24 个月

（1）继续母乳或配方奶喂养，可以引入奶制品作为辅食，每日提供多种类食物。

（2）鼓励和协助幼儿自己进食，关注幼儿以语言、肢体动作等发出进食需求，顺应喂养。

（3）培养幼儿使用水杯喝水的习惯，不提供含糖饮料。

3. 25—36 个月

（1）每日提供多种类食物。

（2）引导幼儿认识和喜爱食物，培养幼儿专注进食的习惯、选择多种食物的能力。

（3）鼓励幼儿参与协助分餐、摆放餐具等活动。

（三）指导建议。

1. 制定膳食计划和科学食谱，为婴幼儿提供与年龄发育特点相适应的食物，规律进餐，为有特殊饮食需求的婴幼儿提供喂养建议。

2. 为婴幼儿创造安静、轻松、愉快的进餐环境，协助婴幼儿进食，并鼓励婴幼儿表达需求、及时回应，顺应喂养，不强迫进食。

3. 有效控制进餐时间，加强进餐看护，避免发生伤害。

二、睡眠

（一）目标。

1. 获得充足睡眠；

2. 养成独自入睡和作息规律的良好睡眠习惯。

（二）保育要点。

1. 7—12 个月

（1）识别婴儿困倦的信号，通过常规睡前活动，培养婴儿独自入睡。

（2）帮助婴儿采用仰卧位或侧卧位姿势入睡，脸和头不被遮盖。

（3）注意观察婴儿睡眠状态，减少抱睡、摇睡等安抚行为。

2. 13—24 个月

（1）固定幼儿睡眠和唤醒时间，逐渐建立规律的睡眠模式。

（2）坚持开展睡前活动，确保幼儿进入较安静状态。

（3）培养幼儿独自入睡的习惯。

3. 25—36 个月

（1）规律作息，每日有充足的午睡时间。

（2）引导幼儿自主做好睡眠准备，养成良好的睡眠习惯。

（三）指导建议。

1. 为婴幼儿提供良好的睡眠环境和设施，温湿度适宜，白天睡眠不过度遮蔽光线，设立独立床位，保障安全、卫生。

2. 加强睡眠过程巡视与照护，注意观察婴幼儿睡眠时的面色、呼吸、睡姿，避免发生伤害。

3. 关注个体差异及睡眠问题，采取适宜的照护方式。

三、生活与卫生习惯

（一）目标。

1. 学习盥洗、如厕、穿脱衣服等生活技能；

2. 逐步养成良好的生活卫生习惯。

（二）保育要点。

1. 7—12 个月

（1）及时更换尿布，保持臀部和身体干爽清洁。

（2）生活照护过程中，注重与婴儿互动交流。

（3）识别及回应婴儿哭闹、四肢活动等表达的需求。

2. 13—24 个月

（1）鼓励幼儿及时表达大小便需求，形成一定的排便规律，逐渐学会自己坐便盆。

（2）协助和引导幼儿自己洗手、穿脱衣服等。

（3）引导和帮助幼儿学会咳嗽和打喷嚏的方法。

3. 25—36 个月

（1）培养幼儿主动如厕。

（2）引导幼儿餐后漱口，使用肥皂或洗手液正确洗手，认识自己的毛巾并擦手。

（3）鼓励幼儿自己穿脱衣服。

（三）指导建议。

1. 保持生活场所的安全卫生，预防异物吸入、烧烫伤、跌落伤、溺水、中毒等伤害发生。

2. 在生活中逐渐养成婴幼儿良好习惯，做好回应性照护，引导其逐步形成规则和安全意识。

3. 注意培养婴幼儿良好的用眼习惯，限制屏幕时间。

4. 注意培养婴幼儿良好的口腔卫生习惯，预防龋齿。

5. 在各生活环节中，做好观察，发现有精神状态不良、烦躁、咳嗽、打喷嚏、呕吐等表现的婴幼儿，要加强看护，必要时及时隔离，并联系家长。

四、动作

（一）目标。

1. 掌握基本的大运动技能；

2. 达到良好的精细动作发育水平。

（二）保育要点。

1. 7—12 个月

（1）鼓励婴儿进行身体活动，尤其是地板上的游戏活动。

（2）鼓励婴儿自主探索从躺位变成坐位，从坐位转为爬行，逐渐到扶站、扶走。

（3）提供适宜的玩具，促进抓、捏、握等精细动作发育。

2. 13—24 个月

（1）鼓励幼儿进行形式多样的身体活动，为幼儿提供参加爬、走、跑、钻、踢、跳等活动的机会。

（2）提供多种类活动材料，促进涂画、拼搭、叠套等精细动作发育。

（3）鼓励幼儿自己喝水、用小勺吃饭、自己翻书等。

3. 25—36 个月

（1）为幼儿提供参加走直线、跑、跨越低矮障碍物、双脚跳、单足站立、原地单脚跳、上下楼梯等活动的机会。

（2）提供多种类活动材料，促进幼儿搭建、绘画、简单手工制作等精细动作发育。

（3）鼓励幼儿自己用水杯喝水、用勺吃饭、协助收纳等。

（三）指导建议。

1. 在各个生活环节中，创造丰富的身体活动环境，确保活动环境和材料安全、卫生。

2. 充分利用日光、空气和水等自然条件，进行身体锻炼，保证充足的户外活动时间。

3. 安排类型丰富的活动和游戏，并保证每日有适宜强度、频次的大运动活动。做好运动中的观察及照护，避免发生伤害。

4. 关注患病婴幼儿。处于急慢性疾病恢复期的婴幼儿，及时调整活动强度和时间；发现运动发育迟缓的婴幼儿，给予针对性指导，及时转介。

五、语言

（一）目标。

1. 对声音和语言感兴趣，学会正确发音；

2. 学会倾听和理解语言，逐步掌握词汇和简单的句子；

3. 学会运用语言进行交流，表达自己的需求；

4. 愿意听故事、看图书，初步发展早期阅读的兴趣和习惯。

（二）保育要点。

1. 7—12 个月

（1）经常和婴儿说话，引导其对发音产生兴趣，模仿和学习简单的发音。

（2）向婴儿复述生活中常见物品和动作，帮助其逐渐理解简单的词汇。

（3）引导婴儿使用简单的声音、表情、动作、语言表达自己的需求。

（4）为婴儿选择合适的图画书，朗读简单的故事或儿歌。

2. 13—24 个月

（1）培养幼儿正确发音，逐步将语言与实物或动作建立联系。

（2）鼓励幼儿模仿和学习使用词语或短句表达自己的需求。

（3）引导幼儿学会倾听并乐意执行简单的语言指令，积极使用语言进行交流。

（4）提供机会让幼儿多读绘本、多听故事、学念儿歌。

3. 25—36 个月

（1）指导幼儿正确地运用词语说出简单的句子。

（2）鼓励幼儿用语言表达自己的需求和感受。

（3）创造条件和机会，使幼儿多听、多看、多说、多问、多想，谈论生活中的所见所闻。

（4）培养幼儿阅读的兴趣和能力，学讲故事、学念儿歌。

（三）指导建议。

1. 创设丰富和应答的语言环境，提供正确的语言示范，保持与婴幼儿的交流与沟通，引导其倾听、理解和模仿语言。

2. 为不同月龄婴幼儿提供和阅读适合的儿歌、故事和图画书，培养早期阅读兴趣和习惯。

3. 关注语言发展迟缓的婴幼儿，并给予个别指导。

六、认知

（一）目标。

1. 充分运用各种感官探索周围环境，有好奇心和探索欲；

2. 逐步发展注意、观察、记忆、思维等认知能力；

3. 学会想办法解决问题，有初步的想象力和创造力。

（二）保育要点。

1. 7—12 个月

（1）提供有利于视、听、触摸等材料，激发婴儿的观察兴趣。

（2）鼓励婴儿调动各种感官，感知物体的大小、形状、颜色、材质等。

（3）引导婴儿观察周围的事物，模仿所看到的某些事物的声音和动作。

2. 13—24 个月

（1）引导幼儿运用各种感官探索周围环境，逐步发展注意、记忆、思维等认知能力。

（2）鼓励幼儿辨别生活中常见物体的大小、形状、颜色、软硬、冷热等明显特征。

（3）鼓励幼儿在操作、摆弄、模仿等活动中想办法解决问题。

3. 25—36 个月

（1）引导幼儿运用各种感官反复持续探索周围环境，逐步巩固和加深对周围事物的认识。

（2）启发幼儿观察辨别生活中常见物体的特征和用途，进行简单的分类，并感受生活中的数学。

（3）培养幼儿在感兴趣的事情上能够保持一定的专注力。

（4）通过各种游戏和活动，鼓励幼儿主动思考、积极提问并大胆猜想，激发幼儿的想象力和创造力。

（三）指导建议。

1. 创设环境，促进婴幼儿通过视、听、触摸等多种感觉活动与环境充分互动，丰富认识和记忆经验。

2. 保护婴幼儿对周围事物的好奇心和求知欲，耐心回应婴幼儿的问题，鼓励婴幼儿自己寻找答案。

3. 在确保安全健康的前提下，支持和鼓励婴幼儿的主动探索。

七、情感与社会性

（一）目标。

1. 有安全感，能够理解和表达情绪；

2. 有初步的自我意识，逐步发展情绪和行为的自我控制；

3. 与成人和同伴积极互动，发展初步的社会交往能力。

（二）保育要点。

1. 7—12 个月

（1）观察了解不同月龄婴儿的需要，把握其情绪变化，尊重和满足其爱抚、亲近、搂抱等情感需求。

（2）引导婴儿理解和辨别高兴、喜欢、生气等不同情绪。

（3）敏感察觉婴儿情绪变化，理解其情感需求并及时回应。

（4）创设温暖、愉快的情绪氛围，促进婴儿交往的积极性。

2. 13—24 个月

（1）引导幼儿用表情、动作、语言等方式表达自己的情绪。

（2）培养幼儿愉快的情绪，及时肯定和鼓励幼儿适宜的态度和行为。

（3）拓展交往范围，引导幼儿认识他人不同的想法和情绪。

（4）引导幼儿理解并遵守简单的规则。

3. 25—36 个月

（1）谈论日常生活中幼儿感兴趣的人和事，引导其通过语言和行为等方式表达情绪情感。

（2）鼓励幼儿进行情绪控制的尝试，指导其学会简单的情绪调节策略。

（3）创设人际交往的机会和条件，使幼儿感受与人交往的愉悦。

（4）帮助幼儿理解和遵守简单的规则，初步学习分享、轮流、等待、协商，尝试解决同伴冲突。

（三）指导建议。

1. 观察了解每个婴幼儿独特的沟通方式和情绪表达特点，正确判断其需求，并给予及时、恰当的回应。

2. 与婴幼儿建立信任和稳定的情感联结，使其有安全感。

3. 建立一日生活和活动常规，开展规则游戏，帮助婴幼儿理解和遵守规则，逐步发展规则意识，适应集体生活。

4. 创造机会，支持婴幼儿与同伴和成人的交流互动，体验交往的乐趣。

第三章　组织与实施

一、托育机构是实施保育的场所，应当提供健康、安全、丰富的生活和活动环境，配置符合婴幼儿月龄特点的家具、用具、玩具、图书、游戏材料和安全防护措施，并根据场地条件合理确定收托规模，配备符合要求的保育人员。

二、托育机构负责人负责保育的组织与管理，指导、检查和评估保育人员的工作。

三、托育机构保育人员是保育工作的主要实施者，应当具有良好的职业道德和业务能力，身心健康。负责婴幼儿日常生活照料和活动组织，主动了解和满足婴幼儿不同的发展需求，平等对待每一个婴幼儿，呵护婴幼儿健康成长。

四、保育工作应当根据婴幼儿身心发展特点和规律，制订科学的保育方案，合理安排婴幼儿饮食、饮水、如厕、盥洗、睡眠、游戏等一日生活和活动，支持婴幼儿主动探索、操作体验、互动交流和表达表现，丰富婴幼儿的直接经验。

五、托育机构应当建立信息管理、健康管理、疾病防控和安全防护监控制度，制定安全防护、传染病防控等应急预案，切实做好室内外环境卫生，注意防范和避免伤害，确保婴幼儿的安全和健康。

六、托育机构应当与家庭、社区密切合作，充分整合各方资源支持托育机构保育工作，向家庭、社区宣传科学的育儿理念和方法，提供照护服务和指导服务，帮助家庭增强科学育儿能力。

托育机构婴幼儿伤害预防指南（试行）

（国卫办人口函〔2021〕19号）

为贯彻落实《国务院办公厅关于促进3岁以下婴幼儿照护服务发展的指导意见》（国办发〔2019〕15号）精神，我委依据《托育机构设置标准（试行）》和《托育机构管理规范（试行）》（国卫人口发〔2019〕58号）、《托儿所、幼儿园建筑设计规范（2019年版）》、《儿童伤害预防与控制工作指南》等，组织编写了《托育机构婴幼儿伤害预防指南（试行）》。本指南适用于经有关部门登记、卫生健康部门备案，为3岁以下婴幼儿提供全日托、半日托、计时托、临时托等托育服务的机构。

伤害是儿童面临的重要健康威胁，造成了沉重的疾病负担。婴幼儿伤害的发生与其自身生理和行为特点、被照护情况、环境等诸多因素有关。常见的伤害类型包括窒息、跌倒伤、烧烫伤、溺水、中毒、异物伤害、道路交通伤害等。大量证据表明，伤害不是意外，可以预防和控制。

托育机构应当最大限度地保护婴幼儿的安全健康，切实做好伤害防控工作，建立伤害防控监控制度，制定伤害防控应急预案，重点开展五方面工作：第一，根据现有法律和相关规定要求，落实安全管理的主体责任，健全细化安全防护制度，认真执行各项安全措施。第二，排查并去除托育机构内环境安全隐患，提升环境安全水平。第三，规范和加强对婴幼儿的照护。第四，开展针对工作人员、家长以及幼儿的伤害预防教育和技能培训。第五，加强对工作人员的急救技能培训，配备基本的急救物资。

本指南主要针对窒息、跌倒伤、烧烫伤、溺水、中毒、异物伤害、道路交通伤害等3岁以下婴幼儿常见的伤害类型，为托育机构管理者和工作人员在安全管理、改善环境、加强照护等方面开展伤害预防提供技术指导和参考。

一、婴幼儿窒息预防

窒息是指呼吸道内部或外部障碍引起血液缺氧的状态。常见的婴幼儿窒息原因包括被床上用品、成人身体、塑料袋等罩住口鼻；吸入和咽下食物、小件物品、呕吐出的胃内容物等阻塞气道；绳带等绕颈造成气道狭窄；长时间停留在密闭空间导致缺氧等。

（一）安全管理。

制定和落实预防婴幼儿窒息的管理细则，主要内容包括：婴幼儿生活环境和娱乐运动设备导致窒息风险的定期排查和清除；婴幼儿睡眠、喂养照护与管理；婴幼儿服饰、玩具安全管理；工作人员预防婴幼儿窒息的安全教育和技能培训。

（二）改善环境。

1. 将绳带、塑料袋、小块食物、小件物品等可造成婴幼儿绕颈或窒息的物品放在婴幼儿不能接触的位置。

2. 使用玩具、儿童用品等前后，检查有无零件、装饰物、扣子等破损、脱落或丢失。

3. 排除护栏、家具、娱乐运动设备中可能卡住婴幼儿头颈部的安全隐患。

4. 在橱柜、工具房等密闭空间设置防护设施，防止婴幼儿进入。

（三）加强照护。

1. 婴幼儿睡眠时，检查其口鼻是否被床上用品、衣物等覆盖，并及时清除。

2. 不喂食易引起窒息的食物；婴幼儿进食时保持安静，避免跑跳、打闹等行为。

3. 婴幼儿在娱乐运动设备上玩耍时，加强看护，避免拉绳、网格等造成窒息。

二、婴幼儿跌倒伤预防

跌倒伤是指一个人因倒在地面、地板或其他较低平面上的非故意事件造成的身体损伤。常见的婴幼儿跌倒伤原因包括：滑倒；从家具、楼梯或娱乐运动设备上跌落；从阳台坠楼等。婴幼儿正处于运动能力的发展过程中，跌倒较常见，托育机构应加强防护，预防婴幼儿跌倒伤。

（一）安全管理。

制定和落实预防婴幼儿跌倒伤的管理细则，主要内容包括：严格执行《托儿所、幼儿园建筑设计规范（2019 年版）》相关条文；婴幼儿生活环境和娱乐运动设备跌倒伤风险的定期排查和清除；婴幼儿玩耍娱乐、上下楼、睡眠等活动的安全照护与管理；婴幼儿服饰、玩具安全管理；工作人员预防婴幼儿跌倒伤的安全教育和技能培训。

（二）改善环境。

1. 地面应平整、防滑、无障碍、无尖锐突出物，并宜采用软质地坪；清除可能绊倒婴幼儿的家具、电线、玩具等物品。

2. 楼梯处装有楼梯门，确保婴幼儿不能打开。

3. 规范安装娱乐运动设备，设备周围地面使用软质铺装。

4. 婴幼儿床有护栏。

5. 在窗户、楼梯、阳台等周围不摆放可攀爬的家具或设施。

6. 墙角、窗台、暖气罩、窗口竖边等阳角处应做成圆角，家具选择圆角或使用保护垫。

（三）加强照护。

1. 工作人员与家长沟通，为婴幼儿选择适宜活动的鞋、衣服等服饰。

2. 为婴幼儿换尿布、衣物时，工作人员应专心看护，始终与其保持近距离，中途不能离开。

3. 婴幼儿使用娱乐运动设备过程中或上下楼梯时，工作人员应加强看护，与其保持较近距离并确保婴幼儿在视线范围内。

4. 婴幼儿玩要运动前，对玩要运动环境、设备设施进行安全性检查。

三、婴幼儿烧烫伤预防

烧烫伤是由热辐射导致的对皮肤或者其他机体组织的损伤，包括皮肤或其他组织中的部分或全部细胞因热液（烫伤）、热的固体（接触烧烫伤）、火焰（烧伤）等造成的损伤以及由放射性物质、电能、摩擦或接触化学物质造成的皮肤或其他器官组织的损伤。常见的婴幼儿烧烫伤原因包括热粥、热水等烫伤，取暖设备等烫伤，蒸汽高温等烫伤，火焰烧伤等。

（一）安全管理。

制定和落实预防婴幼儿烧烫伤的管理细则，主要内容包括：严格执行《托儿所、幼儿园建筑设计规范（2019 年版）》相关条文；婴幼儿生活环境烧烫伤风险的定期排查和清除；婴幼儿进食、玩要娱乐、洗浴清洁等活动照护与管理；婴幼儿玩具用品、电器、取暖设备安全管理；工作人员预防婴幼儿烧烫伤的安全教育和技能培训。

（二）改善环境。

1. 设置热水器出水最高温度应低于 45℃。

2. 设置专门区域存放热水、热饭菜、温奶器、消毒锅等物品，专用房间放置开水炉，并设置防护措施防止婴幼儿接触；使用门栏或护栏等防止婴幼儿误入厨房、浴室等可能造成烧烫伤的区域。

3. 桌子、柜子不使用桌布等覆盖物，以避免婴幼儿拉扯桌布，热源物倾倒、坠落。

4. 化学用品、打火机、火柴等物品专门保管并上锁；不使用有明火的蚊香驱蚊。

（三）加强照护。

1. 婴幼儿饮食、盥洗前检查温度。

2. 加热、取放热物时观察周围有无婴幼儿，避免因碰撞、泼洒造成烫伤。

3. 安全使用暖水袋等可能造成婴幼儿烫伤的用品。

四、婴幼儿溺水预防

溺水为一个因液体进入而导致呼吸损伤的过程。常见的婴幼儿溺水地点包括：浴缸、水盆、水桶等室内设施；池塘、游泳池等室外场所。

（一）安全管理。

制定和落实预防婴幼儿溺水的管理细则，主要内容包括：婴幼儿生活环境溺水风险的定期排查和清除；婴幼儿洗浴清洁、玩耍等活动的照护与管理；工作人员预防婴幼儿溺水的安全教育和技能培训。

（二）改善环境。

1. 托育机构内的池塘、沟渠、井、鱼缸、鱼池、涉水景观等安装护栏、护网。

2. 水缸、盆、桶等储水容器加盖，并避免婴幼儿进入储水容器所在区域。使用完水池、浴缸、盆、桶后及时排水。

（三）加强照护。

1. 保持婴幼儿在工作人员的视线范围内，避免婴幼儿误入盥洗室、厨房、水池边等有水区域。

2. 婴幼儿在水中或水边时，工作人员应专心看护，始终与其保持近距离，中途不能离开。

五、婴幼儿中毒预防

中毒是指因暴露于一种外源性物质造成细胞损伤或死亡而导致的伤害。常见的毒物包括：农药、药物、日用化学品、有毒植物、有毒气体等。本指南的中毒指急性中毒，不包括慢性中毒。

（一）安全管理。

制定和落实预防婴幼儿中毒的管理细则，主要内容包括：婴幼儿生活环境中毒风险的定期排查和清除；婴幼儿安全用药；工作人员预防婴幼儿中毒的安全教育和技能培训。

（二）改善环境。

1. 将药物、日用化学品等存放在婴幼儿无法接触的固定位置。

2. 规范使用消毒剂、清洁剂。

3. 使用煤火取暖的房间应有窗户、风斗等通风结构，并保证正常工作；正确安装、使用符合标准的燃气热水器。

4. 托育机构内不种植有毒植物，不饲养有毒动物。

（三）加强照护。

1. 玩具及生活用品应安全无毒，同时工作人员要关注婴幼儿的啃咬行为，避免婴幼儿因啃咬而导致中毒。

2. 避免有毒食物引起婴幼儿中毒，例如有毒蘑菇、未彻底加热煮熟的扁豆等。

六、婴幼儿异物伤害预防

异物伤害是指因各种因素导致异物进入体内，并对机体造成一定程度损伤，出现了各种症状和体征，如食道穿孔、气道梗阻、脑损伤等。婴幼儿异物伤害多因异物通过口、鼻、耳等进入身体造成损伤，常见的异物包括：食物、硬币、尖锐异物、电池、小磁铁、气球、玩具零件及碎片等。

（一）安全管理。

制定和落实预防婴幼儿异物伤害的管理细则，主要内容包括：婴幼儿生活环境异物伤害风险的定期排查和清除；婴幼儿饮食、玩耍等活动的照护与管理；婴幼儿食物、玩具、儿童用品的安全管理；工作人员预防婴幼儿异物伤害的安全教育和技能培训。

（二）改善环境。

1. 将硬币、电池、小磁铁、装饰品（例如项链、皮筋、耳环等）、文具（例如笔帽、别针）等小件物品放置在婴幼儿接触不到的区域。

2. 使用玩具、儿童用品等前后，检查有无零件、装饰物、扣子等破损、脱落或丢失。

3. 定期检查家具、娱乐运动设备有无易掉落的零件、装饰物（例如螺丝钉、螺母等），并固定。

（三）加强照护。

1. 及时收纳可能被婴幼儿放入口、鼻、耳等身体部位的小件物品。

2. 及时制止婴幼儿把硬币、电池等小件物品放入口、鼻、耳等身体部位的行为。

3. 选择适龄玩具，不提供含有小磁铁、小块零件的玩具。

4. 不提供易导致异物伤害的食物，如含有鱼刺、小块骨头的食物。

七、婴幼儿道路交通伤害预防

道路交通伤害是指道路交通碰撞造成的致死或非致死性损伤。道路交通碰撞是指发生在道路上至少牵涉一辆行进中车辆的碰撞或事件。

（一）安全管理。

制定和落实预防婴幼儿道路交通伤害的管理细则，主要内容包括：托育机构车辆安全要求和管理制度，携带婴幼儿出行安全管理制度；托育机构内车辆行驶、停放安全管理制度，运输婴幼儿出行车辆驾驶员的资质要求，儿童安全座椅安全使用要求；工作人员预防婴幼儿道路交通伤害的安全教育和技能培训。

（二）改善环境。

1. 托育机构内将婴幼儿活动区域与车辆行驶和停靠区域隔离。

2. 托育机构出入口设立专门安全区域。

3. 托育机构出入口与道路间设置隔离设施。

（三）加强照护。

1. 携带婴幼儿出行时，应严格遵守道路交通法规。

2. 携带婴幼儿出行时，密切看管并限制婴幼儿随意活动。

3. 携带婴幼儿出行时，给婴幼儿穿戴有反光标识的衣物。

4. 婴幼儿乘坐童车出行时，规范使用童车安全带。

八、其他伤害预防

除上述伤害类型以外，还要注意动物伤、锐器伤、钝器伤、冻伤、触电等其他类型伤害的预防控制。托育机构应针对本地区3岁以下婴幼儿实际面临的伤害问题，开展伤害防控工作，最大程度地确保婴幼儿健康安全。

九、婴幼儿伤害紧急处置提示

1. 日常加强工作人员的急救知识培训，掌握基本急救技能。

2. 发生严重婴幼儿伤害时，立即呼救并拨打120急救电话。等待救援期间，密切关注婴幼儿的生命体征，在掌握急救技能的前提下先予以现场急救。

3. 非严重婴幼儿伤害可先自行处置，并根据伤害情况决定是否送医。

4. 通知监护人。

附件：托育机构急救物资配置建议

托育机构急救物资配置建议

1. 消毒物品：碘伏或碘伏棉签，酒精或酒精棉片，生理盐水或生理盐水湿巾、消毒湿巾。

2. 包扎固定物品：纱布绷带，医用胶带，三角巾，有条件的可配备自粘绷带、止血带、网状弹力绷带、不同型号夹板等。

3. 敷料：医用无菌纱布（大方纱、小方纱）、创可贴、干净方巾、棉签。

4. 器械：医用剪刀、镊子、体温计、一次性无菌手套、安全别针。

5. 常用药：退热药、抗生素软膏、补液盐、抗过敏药。

6. 其他：手电筒、急救手册、急救电话卡、紧急联系卡、急救毯、冰袋、退热贴；有条件的可配备转运婴幼儿用的担架或平板。

婴儿-学步儿教育机构质量评价系统

表 B：机构条目

Infant-Toddler Program Quality Assessment（PQA）：Form B—Agency Items

工具开发人员

此工具由高瞻教育研究基金会早期教育课程开发人员及研究人员开发而成，具体包括：

【美】安·爱泼斯坦　苏珊娜·盖斯莉（Suzanne Gainsley）

玛丽·霍曼　特德·尤尔凯维奇（Ted Jurleiewicz）

香农·洛克哈特　贝丝·马歇尔（Beth Marshall）

珍妮·蒙蒂

洪秀敏　王靖渊　张　晗　译

教育科学出版社

·北　京·

图书在版编目（CIP）数据

婴儿—学步儿教育机构质量评价系统 /（美）香农·洛克哈特等著；洪秀敏等译. —北京：教育科学出版社，2022.3

（高瞻课程的理论与实践）

ISBN 978-7-5191-2960-6

Ⅰ.①婴…　Ⅱ.①香…　②洪…　Ⅲ.①早期教育—教育组织机构—质量评价　Ⅳ.①G610

中国版本图书馆 CIP 数据核字（2022）第 028761 号

北京市版权局著作权合同登记　图字：01-2021-6351 号

高瞻课程的理论与实践

婴儿-学步儿教育机构质量评价系统

YING'ER-XUEBU'ER JIAOYU JIGOU ZHILIANG PINGJIA XITONG

出 版 人	李　东	**版式设计**	沈晓萌
策划编辑	孙冬梅	**责任校对**	马明辉
责任编辑	孙冬梅	**责任印制**	叶小峰
出版发行	教育科学出版社	**邮　　编**	100101
社　　址	北京·朝阳区安慧北里安园甲 9 号	**编辑部电话**	010-64989395
总编室电话	010-64981290	**市场部电话**	010-64989572
出版部电话	010-64989487	**网　　址**	http://www.esph.com.cn
传　　真	010-64989419	**版　　次**	2022 年 4 月第 1 版
经　　销	各地新华书店	**印　　次**	2022 年 4 月第 1 次印刷
制　　作	北京金奥都图文制作中心	**印　　张**	19.5
印　　刷	保定市中画美凯印刷有限公司	**字　　数**	317 千
开　　本	787 毫米×1092 毫米　1/16	**定　　价**	78.00 元（共 3 册）

目　录

引　　言

婴儿–学步儿和学前教育机构质量评价系统测量了幼儿照护机构中课程实施与机构运营的七大领域：学习环境、一日流程和常规、成人–婴幼儿互动、课程计划和幼儿观察、家长参与和家庭服务、工作人员资质与发展、机构管理。前四个领域包含在婴儿–学步儿教育机构质量评价系统的“表 A：班级条目”和学前教育机构质量评价系统的“表 A：班级条目”中。本书“表 B：机构条目”是该工具的另一部分，涵盖了为婴儿–学步儿及（或）学龄前幼儿服务的机构质量评价的最后三个领域。这个综合性表格使工作人员或评价者能够用单一表单来评估服务于婴儿–学步儿或学前儿童的教育机构的实践，也可以评估同时服务于这两个年龄段的机构的实践。

本书的每个领域都包括一系列根据专业领域公认的最佳实践梳理出的条目。表 B 将工作人员或评价者访谈作为评估证据，采用 5 点计分量表来客观地对机构的质量从低到高进行打分。每个条目均包含关于得分判定依据的描述语，帮助评估者明晰何种类型的照护实践、班级材料和服务政策能够造就高质量的机构。尽管有些指标仅适用于特定的年龄范围，但大多数指标适用于机构所服务的所有年龄组。

与许多只对条目进行“是”或“否”打分的常规测量方法不同的是，高瞻的教育机构质量评价系统运用等级量表来评价质量，这可使评价者更精准地判别机构发展现状及需要改进之处。

相关术语的说明。表 B 同时涵盖了涉及幼儿园“教师”（teacher）与婴儿、学步儿“照护者”（caregiver）的机构条目。术语“照护者”和“教师”可以在婴儿和学步儿照护领域互换使用。它们描述了与幼儿一起工作的成人所扮演的两个非常重要的角色。就像“照护者”一词所暗示的那样，与婴儿和学步儿待在一起的成人，其主要作用是通过他们提供的每日照护常规及互动与婴儿、学步儿建立牢固的、安全的关系。同时，这些照护婴儿和学步儿的人也不可避免地要对婴幼儿进行教育。但是，为了简单起见，除非提及“主要照护者”，否则此表将使用“教师”一词来表示与学龄前幼儿和（或）婴儿、学步儿一起工作的成人。

机构/评价者信息

一、机构信息

机构名称____________________

中心/分址名称____________________

所观察机构/照护机构名称____________________

机构负责人/管理者或联系人

姓名____________________

职位/头衔____________________

联系电话____________________

分机号码____________________

传真____________________

电子邮箱____________________

所观察机构/照护机构地址和电话

省/城市/邮编____________________

街道____________________

联系电话____________________

分机号码____________________

传真____________________

电子邮箱____________________

幼　儿

机构/照护机构中的幼儿数量________________

机构/照护机构中的幼儿年龄范围________________

机构/照护机构运营的小时数

一周中的天数（圈出所有的运营日）：

星期一　星期二　星期三　星期四

星期五　星期六　星期日

每天开始运营的时间________________

每天结束运营的时间________________

二、评价者信息

姓名________________

单位________________

职位/头衔________________

联系电话________________

分机号码________________

传真________________

电子邮箱________________

三、使用婴儿-学步儿教育机构质量评价系统进行评价的信息

访谈开始的日期/时间________________

访谈结束的日期/时间________________

在此处写下关于使用学前教育机构质量评价系统的注释或记录

____

____

____

____

____

____

____

____

____

评价者签名________________

日期________________

婴儿-学步儿教育机构质量评价系统机构条目

（表B）

V. 家长参与和家庭服务

VI. 工作人员资质与发展

VII. 机构管理

其他

评分说明

步骤 1

对机构负责人或其他经验丰富的工作人员进行访谈。在表格内每行的空白处记录下支持性证据。

你所看到、听到和记录下的内容将为你在步骤 3 中选择总体质量等级提供证据。使用指标行右侧的澄清式提问来获取信息。指标等级的支持性证据包括以下任何一项，你可以根据不同条目的需要进行选择。

- 逸事：简短的笔记，包括幼儿和（或）工作人员的实际行为及（或）与他们交流的内容。
- 语录：幼儿和（或）工作人员实际说的话。
- 材料清单。
- 班级、空间、区域和（或）户外游戏场地图；草图和符号。
- 日常活动和一日常规的顺序。
- 对提问的回答（澄清问题）（参见相关条目中的具体问题）。

步骤 2

阅读每一行指标。每行勾选一个空白框。

一旦搜集到某一条目的支持性证据，请阅读该条目的指标行。基于步骤 1 采集到的证据，在每个指标行的一个且仅一个空白框（1、3 或 5）中打钩（√）。尽量完成每个条目对应的每一行。注意某些行适用于学前儿童，而某些行适用于婴儿和学步儿，但大多数指标行适用于机构所服务的所有年龄组。如果某一行不适用（例如，某行仅适用于婴儿和学步儿或仅适用于学前儿童），请在“支持性证据/逸事”一栏中勾选“不适用”选框，并且不要在这一行的任何方框上打钩。然后根据步骤 3 的指示，依据评分标准对已经完成的行进行打分。

步骤 3

确定质量水平。在表格顶部圈出相应的水平：1、2、3、4 **或** 5。使用以下标准确定条目的质量水平。

对于有三行或更多行表格的条目

水平 1：一半及以上的水平 1 框被勾选（不管水平 3 或水平 5 框是否可能也被勾选）。

水平 2：少于一半的水平 1 框被勾选，同时部分水平 3 和（或）水平 5 框也被勾选。

水平 3：一半及以上的水平 3 框被勾选，没有水平 1 框被勾选。

水平 4：少于一半的水平 3 框被勾选，其余的框都被勾选为水平 5。

水平 5：所有的水平 5 框都被勾选，没有任何水平 1 或水平 3 框被勾选。

对于有两行表格的条目

水平 1：两个水平 1 框都被勾选。

水平 2：一个水平 1 框被勾选，同时另一个框被勾选为水平 3 或水平 5。

水平 3：两个水平 3 框都被勾选。

水平 4：一个框被勾选为水平 3，另一个框被勾选为水平 5。

水平 5：两个水平 5 框都被勾选。

如果某行标记了“不适用”，则根据该条目已完成的行数来计算质量水平。如果某一条目无法被观察到或通过访谈无法确定，请在总分处选中“未被观察或未报告到”，并在汇总表中填上“未被观察或未报告到”。

V. 家长参与和家庭服务

V-A. 教育机构为家庭提供了一个温馨的环境和各种参与机会。

根据第 6 页的评分规则，圈出该条目的一个指标等级。

1　2　3　4　5

□如果未被观察或未报告到，请在这里打钩。

	水平 1 指标	水平 3 指标	水平 5 指标	支持性证据/逸事
第 1 行	□班级或中心里没有区域供家庭成员使用。 **示例：** - 家长必须在走廊等候，或放下幼儿后就直接离开。	□班级或中心里有一些区域供家庭成员使用。 **示例：** - 家长站在门口谈话。	□班级或中心里有一个布置舒适且面向家庭的区域，供家庭成员使用。 **示例：** - 家庭成员、教师和幼儿可聚集在积木区或图书区。 - 教师创设了一个问候区，当幼儿入园和（或）准备离园时，家长可以在这里和幼儿讲故事或玩拼图游戏。 - 有一个独立的家庭资料室，备有电脑、游戏材料、玩具、书等。	

V. 家长参与和家庭服务

根据第 6 页的评分规则，圈出该条目的一个指标等级。

1　　2　　3　　4　　5

V-A.（续）

☐如果未被观察或未报告到，请在这里打钩。

	水平 1 指标	水平 3 指标	水平 5 指标	支持性证据/逸事
第 2 行	☐没有活动或材料来帮助家长参与机构活动。	☐教育机构提供一些面向家长的活动或材料，来帮助家长参与机构活动。	☐有许多符合家长兴趣和时间的活动，供家长参与和选择。 **示例：** – 家长可参与家长会、工作坊和家庭活动。 – 家长可担任家长咨询会委员。 – 家长可与教师开会讨论幼儿的进步。 – 家长可参与与教育机构有关的服务项目。 – 家长可支持幼儿在家学习。 – 家长可阅读或订阅家长资讯。	提问：你是如何鼓励家长到中心参与活动的？

V. 家长参与和家庭服务

V-A.（续）

根据第 6 页的评分规则，圈出该条目的一个指标等级。

1　2　3　4　5

□如果未被观察或未报告到，请在这里打钩。

	水平 1 指标	水平 3 指标	水平 5 指标	支持性证据/逸事
第 3 行	□教育机构不鼓励家长参与活动。	□教育机构有时鼓励家长参与活动。	□教育机构鼓励家长参与活动。 **示例：** - 机构为家长提供幼儿照护服务。 - 机构为家长安排接送。 - 机构根据家长的时间为家长安排活动。 - 在活动前一天打电话提醒家长。 - 建立家长联络网。	提问：你的机构鼓励家长参与吗？（如果是）如何鼓励？

V. 家长参与和家庭服务

根据第 6 页的评分规则，圈出该条目的一个指标等级。

1 2 3 4 5

V-B. 家长参与机构咨询和（或）决策委员会。

□如果未被观察或未报告到，请在这里打钩。

	水平 1 指标	水平 3 指标	水平 5 指标	支持性证据/逸事
第 1 行	□没有机构咨询或决策委员会。	□设立了机构咨询或决策委员会，但不定期召开。	□设立了机构咨询或决策委员会，并定期召开。	提问：你的教育机构有咨询委员会或其他决策小组吗？如果有， (1) 谁在理事会/委员会中任职？ (2) 多久举行一次会议？ (3) 成员扮演什么样的角色？
第 2 行	□家长没有在机构咨询或决策委员会中担任代表。	□在机构咨询或决策委员会中有一些家长代表。	□在所有机构咨询或决策委员会中都有家长代表。	
第 3 行	□家长在机构政策制定上没有发言权。	□家长在机构政策制定上有时可以发表意见或投票。	□家长参与会议，并在机构政策制定上拥有发言权。	

V. 家长参与和家庭服务

V-C. 鼓励家长和幼儿一起参与机构活动。

根据第 6 页的评分规则，圈出该条目的一个指标等级。

1　2　3　4　5

□如果未被观察或未报告到，请在这里打钩。

	水平 1 指标	水平 3 指标	水平 5 指标	支持性证据/逸事
第 1 行	□不鼓励家长在班级中担任志愿者、参加实地考察或与幼儿一起参与其他活动。 **示例：** – 家长不能超过限制的时间接送幼儿。 – 没有为想做志愿服务的家长提供申请表。	□有时会邀请或鼓励家长与幼儿一起参与活动。 **示例：** – 家长在班级进行志愿服务，但主要承担起监护者的角色。	□经常邀请或鼓励家长和幼儿参与各种活动。 **示例：** – 家长在班级进行志愿服务。 – 家长在一日活动和（或）日常照护工作中发挥积极的作用。 – 家长可以计划和（或）参与到特别活动及实地考察中。 – 家长可以带来材料，如可回收材料，（或）帮着制作其他游戏材料。	提问：家长是否了解并参与幼儿的活动？（如果是）如何参与？
第 2 行	□机构工作人员（staff）在策划幼儿活动时，会回避或忽略家庭成员。	□机构工作人员会积极回答家庭成员有关机构活动的问题。	□机构工作人员会主动接触家庭成员，并讨论幼儿机构活动的问题。	提问：你会告知家长机构的活动吗？（如果是）你是如何做的？

V. 家长参与和家庭服务

V-D. 工作人员与家长交流关于课程及课程与幼儿发展的关系的信息。

根据第 6 页的评分规则，圈出该条目的一个指标等级。

1　2　3　4　5

□如果未被观察或未报告到，请在这里打钩。

	水平 1 指标	水平 3 指标	水平 5 指标	支持性证据/逸事
第 1 行	□工作人员不与家长交流有关课程及课程与幼儿发展的关系的信息。	□工作人员向家长提供有关课程及课程与幼儿发展的关系的信息。 **示例：** – 工作人员将相关信息打包或邮寄给家长。 – 工作人员会告知家长机构的运作方式。	□工作人员与家长交流有关课程及课程与幼儿发展的关系的信息。 **示例：** – 工作人员会定期向家长发送有关机构活动的邮件或资讯，并邀请家长给予反馈。 – 在机构的工作坊中，工作人员会与家长进行互动。 – 工作人员经常和家长就活动交换非正式的意见。 – 工作人员邀请家长观察机构，并回答家长关于该机构的问题。	提问：你会告知家长课程与幼儿发展的关系吗？（如果会）你是如何做的？
第 2 行	□工作人员没有向家长征询对机构及机构与幼儿发展的关系的意见。	□工作人员有时会向家长征询对机构及机构与幼儿发展的关系的意见。	□工作人员会向家长征询对机构及机构与幼儿发展的关系的意见。	提问：家长是否提供关于机构及机构与幼儿发展的关系的意见？（如果是）如何提供？

V. 家长参与和家庭服务

V-D.（续）

根据第 6 页的评分规则，圈出该条目的一个指标等级。

1　2　3　4　5

□如果未被观察或未报告到，请在这里打钩。

	水平 1 指标	水平 3 指标	水平 5 指标	支持性证据/逸事
第 3 行	□教师（teachers）很少与家长分享关于幼儿的书面观察记录。 **示例：** – 每年只会分享一到两次书面观察记录，或仅在涉及幼儿的具体行为时，才会分享。	□教师有时与家长分享关于幼儿的书面观察记录。 **示例：** – 每周或每两周发送一次注意事项。 – 应家长要求发送注意事项或电子邮件。	□教师经常以每日记录、逸事记录和（或）电子邮件的方式与家长交换幼儿的书面观察记录。	提问：请问你多久和家长分享一次幼儿的书面观察记录？
第 4 行	在婴儿和（或）学步儿班内 □教师不会向家长分享关于幼儿保育常规的每日记录。	在婴儿和（或）学步儿班内 □教师有时会向家长分享关于幼儿保育常规的每日记录。	在婴儿和（或）学步儿班内 □教师经常会向家长分享关于幼儿保育常规（例如喂食、午睡、换尿布）的每日记录。	□如果机构中只有学前儿童班级，请注明“不适用”。 提问：你多久与家长分享一次关于幼儿保育常规的每日记录？

V. 家长参与和家庭服务

V–D.（续）

根据第 6 页的评分规则，圈出该条目的一个指标等级。

1　2　3　4　5

□如果未被观察或未报告到，请在这里打钩。

	水平 1 指标	水平 3 指标	水平 5 指标	支持性证据/逸事
第 5 行	在婴儿和（或）学步儿班内 □教师会直接告知家长他们听到或看到了幼儿的“第一次”（例如，第一次走路，第一次说话）。	在婴儿和（或）学步儿班内 □教师没有连续的关于如何告知家长幼儿的“第一次”的政策。	在婴儿和（或）学步儿班内 □教师通常会让家长成为幼儿各种“第一次”的“第一见证者”。 **示例：** – 教师说：“请告诉我，你看到马库斯在家里做了什么？”	□如果机构中只有学前儿童班级，请注明“不适用”。 提问：你有关于与家长分享幼儿的“第一次”的方针吗？ 提问：（如果没有）当你看到幼儿第一次走路或听到幼儿第一次说话时，你通常会怎么做？

V. 家长参与和家庭服务

根据第 6 页的评分规则，圈出该条目的一个指标等级。

V-E. 工作人员与家长建立伙伴关系，通过非正式的互动分享当天活动及幼儿体验到的相关信息。

1　2　3　4　5

□如果未被观察或未报告到，请在这里打钩。

	水平 1 指标	水平 3 指标	水平 5 指标	支持性证据/逸事
第 1 行	□工作人员和家长之间没有非正式的互动。 **示例：** - 忽视或回避家庭成员。 - 家长在场时，教师一直忙于常规工作。	□工作人员有时和家长进行非正式的互动。	□工作人员经常和家长进行非正式的互动，以了解幼儿最近的体验。 **示例：** - 工作人员会逐一向家庭成员问好。 - 在幼儿入园和离园时，工作人员会与家庭成员交谈。 - 工作人员会把幼儿的作品送到幼儿家中，或鼓励家长将作品带走。 - 工作人员会通过交换注意事项、电话、电子邮件、短信等与家长交流。	提问：你会与家长非正式地交流幼儿的日常体验吗？（如果是）你是如何做的？多久交流一次？

V. 家长参与和家庭服务

V-E.（续）

根据第 6 页的评分规则，圈出该条目的一个指标等级。

1　　2　　3　　4　　5

□如果未被观察或未报告到，请在这里打钩。

	水平 1 指标	水平 3 指标	水平 5 指标	支持性证据/逸事
第 2 行	□工作人员很少会以互谅互让的方式与家长沟通。 **示例：** – 工作人员与家长交流时，态度生硬，心不在焉，缺乏耐心，或表现冷漠。 – 工作人员忽视或回避家长。 – 工作人员会在家长不在场时消极地谈论他们。	□工作人员有时会以互谅互让的方式与家长沟通。 **示例：** – 在与家长互动的过程中，工作人员尊重家长，但很草率和匆忙。	□每天，工作人员都会以互谅互让的方式与家长沟通。工作人员会以一种有趣的、从容不迫的、友好的方式，与家长就教育机构、幼儿及他们感兴趣或关心的问题进行清晰、真诚和礼貌的沟通。 **示例：** – 教师和家长交流各自关于幼儿的信息。 – 当工作人员与家长交谈时，他们会专注地倾听，轮流表达想法，并提供意见和观察。 – 即使家长不在场，工作人员也会积极地谈论家长。	提问：当你与家长交谈时，谁更愿意主导对话？

V. 家长参与和家庭服务

V-E.（续）

根据第 6 页的评分规则，圈出该条目的一个指标等级。

1　2　3　4　5

□如果未被观察或未报告到，请在这里打钩。

	水平 1 指标	水平 3 指标	水平 5 指标	支持性证据/逸事
第 3 行	□工作人员会与家长争夺幼儿的关注。	□工作人员有时鼓励家长关注幼儿。	□工作人员经常鼓励家长关注幼儿，他们会： • 等待被邀请参与亲子交流。 • 尊重幼儿对家长而非工作人员的偏爱。 • 离园时，鼓励幼儿直接与家长谈论一天的生活。	提问：你是否鼓励家长关注幼儿？ 提问：如果是，你会等待被邀请参与亲子交流吗？ 提问：当幼儿更偏爱家长而非工作人员时，你会怎么做？

V. 家长参与和家庭服务

根据第 6 页的评分规则，圈出该条目的一个指标等级。

1　　2　　3　　4　　5

V–E.（续）

□如果未被观察或未报告到，请在这里打钩。

	水平 1 指标	水平 3 指标	水平 5 指标	支持性证据/逸事
第 4 行	□工作人员避免处理与家长的冲突和（或）争吵。	□工作人员有时以非对抗性的方式处理与家长的冲突。	□当工作人员与家长发生冲突时，会采取相应的解决策略。 **工作人员** • 冷静地应对家长。 • 认可家长的感受。 **工作人员和家长** • 交换信息。 • 从幼儿的视角审视问题。 • 重述问题。 • 提出解决方案的想法，并共同选择其中一种。 • 准备好对问题进行跟进。	提问：你是如何处理与家长的冲突的？

V. 家长参与和家庭服务

根据第 6 页的评分规则，圈出该条目的一个指标等级。

1　2　3　4　5

□如果未被观察或未报告到，请在这里打钩。

V-F. 工作人员和家长就如何促进及延伸幼儿在家的学习和社会性发展进行交流。

	水平 1 指标	水平 3 指标	水平 5 指标	支持性证据/逸事
第 1 行	□工作人员没有和家长交流信息或材料，以支持幼儿在家的学习和社会性发展。	□工作人员会和家长交流一些信息或材料，以支持幼儿在家的学习和社会性发展。	□工作人员会和家长交流许多信息或材料，以支持幼儿在家的学习和社会性发展。 **示例：** - 分享如何利用日常家居用品进行教育的想法和材料。 - 讨论日常家庭活动如何成为幼儿的社会性学习经验。 - 讨论如何促进幼儿的语言发展。	提问：你是否与家长交换有关如何支持幼儿在家学习的信息？（如果是）你是如何做的？
第 2 行	□工作人员不会询问家长他们是如何支持幼儿在家的发展的。	□工作人员有时会询问家长他们是如何支持幼儿在家的发展的。	□工作人员会就如何支持幼儿在家的发展询问家长，并为其提供额外的资源。	提问：你怎样询问家长他们是如何支持幼儿在家发展的？

V. 家长参与和家庭服务

V-G. 工作人员安排家访和正式的家长会，与家长分享信息，并征求他们关于机构和幼儿发展的建议。

根据第 6 页的评分规则，圈出该条目的一个指标等级。

1　　2　　3　　4　　5

□如果未被观察或未报告到，请在这里打钩。

注：不包括那些由于机构问题而由教师或家长特别召集的会议。

	水平 1 指标	水平 3 指标	水平 5 指标	支持性证据/逸事
第 1 行	□工作人员不进行家访。	□工作人员根据需要进行家访。	□工作人员会对每个幼儿和家庭进行家访。	提问：你会安排家访吗？（如果会）多久一次？ 提问：家访期间发生了什么？
第 2 行	□工作人员没有安排家长会。	□工作人员每年安排一次家长会。	□工作人员每年安排两次或两次以上家长会。	提问：你会安排家长会吗？（如果会）多久一次？ 提问：家长会期间会发生什么？
第 3 行	□工作人员没有通过家访/会议来分享有关机构和幼儿发展的信息。	□工作人员会通过家访/会议来分享有关机构和幼儿发展的信息。	□工作人员会通过家访/会议来分享有关机构和幼儿发展的信息，并征求家长对机构和幼儿发展的意见。	

V. 家长参与和家庭服务

根据第 6 页的评分规则，圈出该条目的一个指标等级。

1　　2　　3　　4　　5

□如果未被观察或未报告到，请在这里打钩。

V-H. 教育机构或其主办机构为有特殊需要的幼儿提供诊断和特殊教育服务。

注：可以直接为有特殊需要的幼儿提供服务，或把他们转介到其他社区机构。

	水平 1 指标	水平 3 指标	水平 5 指标	支持性证据/逸事
第 1 行	□没有为幼儿提供诊断服务和特殊教育服务，也没有被转介到相关机构。	□在部分发展领域为幼儿提供诊断和特殊教育服务，或提供转介服务。	□当幼儿在口语（speech）、语言（language）、身体、视觉、听觉和社会性发展（以及其他需要诊断的领域）方面被怀疑或诊断有缺陷时，为其提供诊断和（或）特殊教育服务，或将其转介到相关机构。	提问：机构是否为幼儿提供诊断服务和（或）特殊教育服务？如果是， (1) 什么服务？ (2) 如何提供服务？ 提问：机构是否为幼儿提供诊断和（或）特殊教育服务转介？如果是， (1) 什么类型的转介？ (2) 转介是如何进行的？
第 2 行	□工作人员没有向家长提供有关查找或获取幼儿所需特殊教育服务的信息。	□工作人员会向家长提供有关查找或获取幼儿所需特殊教育服务的信息。	□工作人员会和家长一起查找或获取幼儿所需特殊教育服务的信息。	提问：如果幼儿需要特殊教育服务，机构是否为家长提供查找或获取服务的帮助？如果是，你如何与家长合作寻找这类服务？

V. 家长参与和家庭服务

根据第 6 页的评分规则，圈出该条目的一个指标等级。

1　2　3　4　5

V-I. 工作人员根据需要为家长提供参考和支持性服务。

□如果未被观察或未报告到，请在这里打钩。

	水平 1 指标	水平 3 指标	水平 5 指标	支持性证据/逸事
第 1 行	□工作人员没有意识到家庭的需要。	□工作人员对家庭的需要有一定的了解。	□工作人员熟悉家庭的需要。 **示例：** – 工作人员会对家庭的需要进行评估、访谈或进行其他信息收集活动。	提问：你（或其他工作人员）对家庭需要的熟悉程度如何？例如，你会说"不熟悉""有点熟悉"，还是"非常熟悉"？ 提问：你（或其他工作人员）如何收集家庭需要的相关信息？
第 2 行	□工作人员不了解社区向家庭提供的资源。	□工作人员对社区向家庭提供的资源有一些了解。	□工作人员非常熟悉社区向家庭提供的资源。 **示例：** – 工作人员维护图书馆工作和转介程序。 – 工作人员参与社区服务工作坊。	提问：你（或其他工作人员）对与家庭需求相关的社区资源的熟悉程度如何？例如，你会说"不熟悉""有点熟悉"，还是"非常熟悉"？ 提问：你（或其他工作人员）是如何熟悉社区资源的？

V. 家长参与和家庭服务

V-I.（续）

根据第 6 页的评分规则，圈出该条目的一个指标等级。

1　2　3　4　5

□如果未被观察或未报告到，请在这里打钩。

	水平 1 指标	水平 3 指标	水平 5 指标	支持性证据/逸事
第 3 行	□工作人员没有转介家庭需要的服务。	□工作人员有时会转介家庭需要的服务。	□工作人员会转介家庭需要的服务。 **示例：** - 家长可随时获取资料手册和其他信息。 - 工作人员保存本地服务提供者名单。	提问：你（或其他工作人员）是否为家庭提供转介服务或帮助他们获得服务？
第 4 行	□工作人员没有帮助家庭获取相应服务。	□工作人员有时会帮助家庭获取相应服务。	□工作人员会帮助家庭获取相应服务。 **示例：** - 工作人员会提供必备材料，供家长与服务提供者分享。 - 工作人员会打电话帮助安排家庭与服务提供者进行第一次见面。 - 工作人员会协助家庭寻找照护服务或交通工具，以便他们可以利用社区资源。	提问：你是如何处理服务的转介和获取的？

V. 家长参与和家庭服务

V-J. 机构活动会在机构内、社区机构和（或）公立学校之间进行协调，以促进幼儿在各个年龄组的平稳过渡。

根据第 6 页的评分规则，圈出该条目的一个指标等级。

1　2　3　4　5

□如果未被观察或未报告到，请在这里打钩。

	水平 1 指标	水平 3 指标	水平 5 指标	支持性证据/逸事
第 1 行	过渡到新班级 □幼儿在不知情的情况下过渡到新班级。 **示例：** – 幼儿在没有通知的情况下被送到新班级中。	过渡到新班级 □幼儿在得到一些提示后过渡到新班级。 **示例：** – 教师会提前几天告诉幼儿，他们将去新班级中。	过渡到新班级 □教师与即将过渡到新班级的幼儿进行交谈。 **示例：** – 早在过渡前，教师就经常花时间与幼儿讨论去新班级的事情。 – 教师会与家长讨论幼儿去新班级的事情。	□如果没有幼儿过渡到新班级，请标记“不适用”。 提问：请描述幼儿是如何过渡到新班级的。

V. 家长参与和家庭服务

V–J.（续）

根据第 6 页的评分规则，圈出该条目的一个指标等级。

1　2　3　4　5

□如果未被观察或未报告到，请在这里打钩。

	水平 1 指标	水平 3 指标	水平 5 指标	支持性证据/逸事
第 2 行	过渡到新班级 □幼儿没有时间去适应新班级和教师。 **示例：** – 幼儿没有提前去参观新班级。 – 幼儿没有时间适应新教师。	过渡到新班级 □给幼儿一定的时间去适应新班级和教师。 **示例：** – 幼儿在过渡到新班级之前，会有一到两次参观机会。	过渡到新班级 □给幼儿充足的时间去适应新班级和教师。 **示例：** – 幼儿经常会去新班级；幼儿会和下一个年龄组的幼儿一起吃加餐。 – 在去新班级之前，幼儿可以和下一个年龄组的幼儿一起度过自由选择时间。 – 幼儿会与新班级的教师和幼儿见面。 – 欢迎家长带着幼儿到新班级参观。 – 家长会与新教师见面。	□如果没有幼儿过渡到新班级，请标记“不适用”。 提问：你给予幼儿多长时间去适应新班级？

V. 家长参与和家庭服务

根据第 6 页的评分规则，圈出该条目的一个指标等级。

1　2　3　4　5

V-J.（续）

□如果未被观察或未报告到，请在这里打钩。

	水平 1 指标	水平 3 指标	水平 5 指标	支持性证据/逸事
第 3 行	一天中有部分时间在其他机构时 □一天中，教育机构中的活动与幼儿在其他机构度过的时间不协调。	一天中有部分时间在其他机构时 □一天中，教育机构中的活动有时会与幼儿在其他机构度过的时间相协调。	一天中有部分时间在其他机构时 □一天中，教育机构中的活动会定期与幼儿在其他机构度过的时间相协调。 **示例：** 为了确保课程一致性，工作人员会 – 接送幼儿的时间和流程保持一致。 – 带着幼儿的个人用品。 – 共享有关一日照护常规的档案。	注：这一行和下一行指标与幼儿每天在不同机构之间过渡的情况有关，例如，在半日制开端计划项目和计时制中心式照护机构或家庭式的照护服务机构之间过渡（也称为全面照护）。 □如果在上幼儿园时段内，幼儿一直待在同一个环境中，请标记“不适用”。 提问：机构活动是否与幼儿在其他机构度过的时间相协调？（如果是）如何协调的？

V. 家长参与和家庭服务

V-J.（续）

根据第 6 页的评分规则，圈出该条目的一个指标等级。

1 2 3 4 5

□如果未被观察或未报告到，请在这里打钩。

	水平 1 指标	水平 3 指标	水平 5 指标	支持性证据/逸事
第 4 行	一天中有部分时间在其他机构时 □工作人员没有与家长合作，不分享幼儿在其他机构那段时间的信息。	一天中有部分时间在其他机构时 □工作人员有时与家长合作，分享幼儿在其他机构那段时间的信息。	一天中有部分时间在其他机构时 □工作人员会与家长合作，分享幼儿在其他机构那段时间的信息。 **示例：** - 工作人员会向家长提供逸事记录、健康记录或其他信息，以便与其他机构的工作人员分享信息。 - 工作人员会与家长、其他机构的工作人员一起会面，共同讨论幼儿的发展，并在需要时协调其他服务。	□如果在上幼儿园时段内，幼儿一直待在同一个环境中，请标记“不适用”。 提问：你是否与家长及幼儿度过部分时间的机构的工作人员分享并讨论信息？（如果是）你是如何进行的？

V. 家长参与和家庭服务

根据第 6 页的评分规则，圈出该条目的一个指标等级。

1　　2　　3　　4　　5

V–J.（续）

□如果未被观察或未报告到，请在这里打钩。

	水平 1 指标	水平 3 指标	水平 5 指标	支持性证据/逸事
第 5 行	过渡到幼儿园 □机构活动不与社区机构和（或）公立学校协调。	过渡到幼儿园 □机构活动有时会与社区机构和（或）公立学校协调。	过渡到幼儿园 □机构活动会通过各种渠道定期与社区机构和（或）公立学校协调。 **示例：** – 相互推荐。 – 保持电话和书面联系。 – 工作人员参加社区咨询委员会。 – 交流有关机构目标和活动的信息。	□如果机构中仅有婴儿/学步儿班级，请标记“不适用”。 提问：机构活动是否与社区机构和（或）公立学校相协调，从而促进服务提供并（或）帮助幼儿过渡到幼儿园？（如果是）如何进行的？
第 6 行	过渡到幼儿园 □工作人员没有让家长参与社区机构和（或）公立学校举办的向幼儿园过渡的活动。	过渡到幼儿园 □工作人员有时会让家长参与社区机构和（或）公立学校举办的向幼儿园过渡的活动。	过渡到幼儿园 □工作人员和家长一起参与社区机构和（或）公立学校协调的向幼儿园过渡的活动。 **示例：** – 工作人员会向家长提供逸事记录或其他记录，以便与幼儿园教师和服务提供者共享信息。	□如果机构中仅有婴儿/学步儿班级，请标记“不适用”。 提问：家长是否参与合作和（或）过渡活动？（如果是）如何参与的？

VI. 工作人员资质与发展

VI-A. 机构负责人具有合格的受教育水平，接受过培训，并有工作经验。

根据第 6 页的评分规则，圈出该条目的一个指标等级。

1　2　3　4　5

□如果未被观察或未报告到，请在这里打钩。

	水平 1 指标	水平 3 指标	水平 5 指标	支持性证据/逸事
第 1 行	□机构负责人没有早期教育或关于幼儿发展的学士学位。	□机构负责人有早期教育或关于幼儿发展的学士学位。	□机构负责人有早期教育或关于幼儿发展（包括机构管理）的研究生学位。	提问：请介绍一下你的教育背景、培训经历和工作经验，例如：你拥有学位吗？（如果拥有）是什么学位？ 提问：请描述机构管理中涵盖的所有课程工作。
第 2 行	□机构负责人没有参与过与早期教育或幼儿发展相关的额外课程或培训。	□机构负责人参与过一些与早期教育或幼儿发展相关的额外课程或培训。	□机构负责人参与过 2 次或 2 次以上相关领域的额外课程或培训，例如： • 课程开发 • 幼儿评价 • 养育和家庭关系 • 机构评价 • 机构管理 • 工作人员的发展 • 早期教育政策和宣传	提问：你是否参加过幼儿发展和（或）早期教育课程或其他培训？（如果有）是什么课程或培训？

VI. 工作人员资质与发展

根据第 6 页的评分规则，圈出该条目的一个指标等级。

1　　2　　3　　4　　5

VI-A. （续）

□如果未被观察或未报告到，请在这里打钩。

	水平 1 指标	水平 3 指标	水平 5 指标	支持性证据/逸事
第 3 行	□机构负责人只有 1 年或以下相关工作经验。	□机构负责人有 2—4 年相关工作经验。	□机构负责人有 5 年或以上相关工作经验，包括： • 在集体环境中与幼儿一起工作（从出生到 5 岁） • 做机构计划并实施计划 • 进行机构评价 • 监督工作人员并促进其发展 • 与家长和家庭一起工作 • 机构管理	提问：你有与 5 岁以下的幼儿一起工作的经验吗？例如： (1) 课程实施 (2) 早期教育机构评价 (3) 早期教育工作人员监督 (4) 与家长和家庭一起工作 (5) 早期教育机构管理

VI. 工作人员资质与发展

根据第 6 页的评分规则，圈出该条目的一个指标等级。

1　　2　　3　　4　　5

☐如果未被观察或未报告到，请在这里打钩。

VI-B. 教学人员具有与其服务的年龄组相称的受教育水平、培训和工作经验。

	水平 1 指标	水平 3 指标	水平 5 指标	支持性证据/逸事
第 1 行	☐只有不到一半的教师受过相应的教育。	☐一半以上的教师受过相应的教育。	☐所有教师均具有早期教育、幼儿发展或相关领域的本科及以上学历，并上过相应的课程。 **示例：**	提问：请描述一下教师们的受教育和培训情况。
			- 学前教育教师上过专门针对学前儿童的课程；婴儿和学步儿照护者上过专门针对婴儿和学步儿的课程。	提问：他们有学位或证书吗？
			- 主要照护者已经获得并能够持续保持来自婴儿心理健康协会（Association for Infant Mental Health，AIMH）2 级及以上认证。	提问：（如果有）是什么领域的？

VI. 工作人员资质与发展

VI-B. （续）

根据第 6 页的评分规则，圈出该条目的一个指标等级。

1　2　3　4　5

□如果未被观察或未报告到，请在这里打钩。

	水平 1 指标	水平 3 指标	水平 5 指标	支持性证据/逸事
第 2 行	□只有不到一半的助理、助手或准专业人员受过相应的教育。	□一半以上的助理、助手或准专业人员受过相应的教育。	□所有的助理、助手和准专业人员都有副学士学位、CDA或同级别的早期教育专业认证，并上过相应的课程。 **示例：** - 学前教育助理上过专门针对学龄前幼儿的课程。 - 婴儿和学步儿助理上过专门针对婴儿和学步儿的课程。 - 助理照护者已经获得并能够持续保持来自婴儿心理健康协会（AIMH）的 1 级认证或更高级别的认证。	提问：请描述一下助理教师和助手的教育和培训情况。 提问：他们有学位或证书吗？ 提问：（如果有）是什么领域的？

VI. 工作人员资质与发展

VI–B.（续）

根据第 6 页的评分规则，圈出该条目的一个指标等级。

1　2　3　4　5

□如果未被观察或未报告到，请在这里打钩。

	水平 1 指标	水平 3 指标	水平 5 指标	支持性证据/逸事
第 3 行	□主任/首席教师（head/lead teachers）平均有 1 年或以下相关工作经验。	□主任/首席教师平均有 2—4 年相关工作经验。	□主任/首席教师平均有 5 年或以上相关工作经验，包括 • 课程（学前儿童/婴儿–学步儿） • 项目计划与实施 • 幼儿观察与评价 • 指导其他工作人员 • 与家长/家庭合作	提问：你所在机构的每一位主任/首席教师有多少年早期教育工作经验？

VI. 工作人员资质与发展

VI-C. 后勤人员（如厨师、校车司机、秘书）和志愿者接受了相应的培训并受到监督。

根据第 6 页的评分规则，圈出该条目的一个指标等级。

1　　2　　3　　4　　5

□如果未被观察或未报告到，请在这里打钩。

	水平 1 指标	水平 3 指标	水平 5 指标	支持性证据/逸事
第 1 行	□后勤人员没有经过筛选。	□有的后勤人员经过筛选。	□所有后勤人员都经过背景审查和面试。	提问：你会筛选后勤人员吗？（如果会）如何筛选？
第 2 行	□后勤人员没有分配与其背景和技能相适应的任务。	□后勤人员有时被分配与其背景和技能相适应的任务。	□后勤人员被分配与其背景和技能相适应的任务。	提问：你是如何分配后勤人员的职责的？
第 3 行	□后勤人员和志愿者没有在与他们的角色相关的机构中接受指导和培训。	□后勤人员和志愿者有时在与他们的角色相关的机构中接受指导和培训。	□后勤人员和志愿者会在与他们的角色相关的机构中接受指导和培训。	提问：后勤人员和志愿者接受过任何形式的培训吗？（如果接受过）是什么？
第 4 行	□后勤人员和志愿者没有受到持续的监督。	□后勤人员和志愿者有时会受到持续的监督。	□后勤人员和志愿者接受持续的监督。	提问：你有监督后勤人员和志愿者吗？（如果有）是怎样的？

VI. 工作人员资质与发展

VI-D. 工作人员参与持续性的专业发展活动，如会议、在职培训、专业化工作坊、相当于大学水平的课程和研讨、在线培训，或是编制或访问资源库、同行交流、观察、指导和辅导等活动。

根据第 6 页的评分规则，圈出该条目的一个指标等级。

1　　2　　3　　4　　5

□如果未被观察或未报告到，请在这里打钩。

	水平 1 指标	水平 3 指标	水平 5 指标	支持性证据/逸事
第 1 行	□教师不参加专业发展活动。	□部分或全体教师每年参加 1—4 次专业发展活动。	□全体教师每年都要参加 5 次或以上专业发展活动。	提问：教师参加专业发展活动吗？如果参加， (1) 是什么样的活动？ (2) 有多少人参加？ (3) 一年几次？
第 2 行	□机构负责人不参加专业发展活动。	□机构负责人每年参加 1—4 次专业发展活动。	□机构负责人每年参加 5 次或以上专业发展活动。	提问：你参加专业发展活动吗？如果参加， (1) 是什么样的活动？ (2) 一年几次？

VI. 工作人员资质与发展

VI-D.（续）

根据第 6 页的评分规则，圈出该条目的一个指标等级。

1　　2　　3　　4　　5

□如果未被观察或未报告到，请在这里打钩。

	水平 1 指标	水平 3 指标	水平 5 指标	支持性证据/逸事
第 3 行	□后勤人员不参加专业发展活动。	□部分或全体后勤人员每年参加 1—4 次专业发展活动。	□全体后勤人员每年参加 5 次或以上专业发展活动。	提问：后勤人员是否参加专业发展活动？如果参加， (1) 是什么样的活动？ (2) 有多少人参加？ (3) 一年几次？

VI. 工作人员资质与发展

VI-E. 在职培训包括与幼儿发展和实践相关的主题。

根据第 6 页的评分规则，圈出该条目的一个指标等级。

1　　2　　3　　4　　5

□如果未被观察或未报告到，请在这里打钩。

	水平 1 指标	水平 3 指标	水平 5 指标	支持性证据/逸事
第 1 行	□不提供在职培训。	□在职培训一年 1—4 次。	□在职培训一年 5 次。	注：如果勾选了水平 1，则计 1 分，其余行不用填写。 提问：机构提供在职培训吗？如果提供，每年几次？
第 2 行	□在职培训涉及与幼儿发展和机构实践无关的主题。 **示例：** – 主题包括如何准备简历，如何做节日装饰。	□在职培训有时涉及针对幼儿发展和机构实践的特定主题。	□在职培训始终强调与幼儿发展和机构实践相关的主题。 **示例：** – 主题包括社会性发展、促进早期读写、小组活动时间、依恋、感知觉材料。	提问：培训讨论了哪些主题？
第 3 行	□在职培训没有基于课程模式。	□在职培训基于一种以上课程模式。	□在职培训是基于理论与实践相结合的课程模式。	提问：在职培训是否基于一种或多种课程模式？ 提问：如果是，这个模式会提供理论吗？会提供实践吗？

VI. 工作人员资质与发展

根据第 6 页的评分规则，圈出该条目的一个指标等级。

1　　2　　3　　4　　5

VI-E.（续）

□如果未被观察或未报告到，请在这里打钩。

	水平 1 指标	水平 3 指标	水平 5 指标	支持性证据/逸事
第 4 行	□在职培训不是基于教师的关注和兴趣。	□在职培训有时基于教师的关注和兴趣。	□在职培训始终基于教师的关注和兴趣。 **示例：** – 教师完成需求评价。 – 管理者和教师在讨论课堂观察时确定主题。 – 教师根据他们听到或读到的主题要求开展工作坊。 – 教师建议在工作坊结束后进行后续会议。	提问：多久会开展一次基于教师关注和兴趣的在职培训？
第 5 行	□工作人员没有与固定的培训师保持联系。	□工作人员有时与固定的培训师保持联系。	□工作人员与固定的培训师保持持续的联系，确保工作人员知识积累的连续性。	提问：谁提供的培训？ 提问：工作人员和培训师之间的关系如何？

VI. 工作人员资质与发展

VI–E.（续）

根据第 6 页的评分规则，圈出该条目的一个指标等级。

1　　2　　3　　4　　5

□如果未被观察或未报告到，请在这里打钩。

	水平 1 指标	水平 3 指标	水平 5 指标	支持性证据/逸事
第 6 行	□在职培训主要是由培训师主导的讲座。	□在职培训有时需要工作人员积极参与。	□在职培训定期通过实践工作坊、小组讨论和实践活动来促使工作人员积极参与。	提问：你能介绍一下在职培训吗？例如，它们是讲座吗？ 提问：这些活动包括实践活动、讨论和练习吗？
第 7 行	□接受在职培训的工作人员不会反思自身实践，也不会分享自己的经验。	□接受在职培训的工作人员偶尔会反思自身实践，或分享自己的经验。	□接受在职培训的工作人员会定期反思自身实践，并分享自己的经验。	提问：工作人员是否反思和分享他们的培训与实践经验？（如果是）如何进行的？

VI. 工作人员资质与发展

VI-F. 教学人员（instrucational staff）定期在机构中接受观察，并由熟悉课程目标、目的和方法的人提供反馈，以便他们能与机构中每个年龄组的幼儿一起工作。

根据第 6 页的评分规则，圈出该条目的一个指标等级。

1　　2　　3　　4　　5

□如果未被观察或未报告到，请在这里打钩。

	水平 1 指标	水平 3 指标	水平 5 指标	支持性证据/逸事
第 1 行	□教学人员没有接受观察或得到反馈。	□每年对教学人员进行 1—2 次观察和反馈。	□每年对教学人员进行 3 次或以上的观察和反馈。	提问：是否对教学人员进行观察并给予反馈？（如果是）多久一次？
第 2 行	□负责评价工作人员的评价者对机构中各个年龄组的课程都不熟悉。	□负责评价工作人员的评价者对机构中各个年龄组的课程都比较熟悉。 **示例：** - 评价机构的评价者理解学前教育课程，但不熟悉婴儿和学步儿课程。	□负责评价工作人员的评价者对机构中各个年龄组的课程都非常熟悉。	提问：负责评价工作人员的评价者对机构中的课程（各个年龄组）是不熟悉、中等熟悉还是非常熟悉？
第 3 行	□工作人员不参与评价过程。	□工作人员有时参与评价过程。	□工作人员平等参与评价过程，并根据课程讨论如何发挥自身优势，提高机构工作的质量。	提问：工作人员会参与评价过程吗？（如果会）如何参与？

VI. 工作人员资质与发展

根据第 6 页的评分规则，圈出该条目的一个指标等级。

VI-G. 机构负责人和教师隶属于地方、州和（或）国家早期教育专业组织。

1　　2　　3　　4　　5

□如果未被观察或未报告到，请在这里打钩。

	水平 1 指标	水平 3 指标	水平 5 指标	支持性证据/逸事
第 1 行	□机构负责人不是任何早期教育专业组织的成员。	□机构负责人是某个早期教育专业组织的成员，偶尔阅读其出版物或参加其会议。	□机构负责人是某个早期教育专业组织的成员，定期阅读其出版物，并参加其会议。	提问：作为机构负责人，你隶属于哪个专业组织？ 提问：你会多久阅读一次这个组织的出版物或参加一次它的会议？
第 2 行	□教师都不是早期教育专业组织的成员。	□一些教师是某个早期教育专业组织的成员。	□全体教师都是某个早期教育专业组织的成员，订阅其出版物，（或）参加其会议。	提问：教师隶属于什么专业组织？ 提问：他们多久阅读一次这个组织的出版物或参加一次它的会议？
第 3 行	□机构不报销任何注册费用或参加会议的费用。	□机构报销一个会员资格的部分注册费用或参加会议的部分费用。	□机构至少报销一个会员资格的注册费用和出席一次会议的全部费用。	提问：机构会报销你注册会员或出席会议的任何费用吗？

VII. 机构管理

根据第 6 页的评分规则，圈出该条目的一个指标等级。

1 2 3 4 5

VII–A. 机构符合州和（或）地方许可机构的许可标准。

□如果未被观察或未报告到，请在这里打钩。

	水平 1 指标	水平 3 指标	水平 5 指标	支持性证据/逸事
第 1 行	□机构没有获得许可。	□机构获得了临时许可。	□机构已获得了许可。	提问：你所在的机构有许可证或临时许可证吗？
第 2 行	□机构不符合州和（或）地方关于建筑和设施、火灾、安全、健康和卫生、自然灾害和紧急情况的许可标准，以及保护幼儿、家庭和工作人员的其他制度与程序。	□机构符合并（或）正在积极遵守一些州和（或）地方的许可标准，以及保护幼儿、家庭和工作人员的其他制度与程序。	□机构符合州和（或）地方关于建筑和设施、火灾、安全、健康和卫生、自然灾害和紧急情况的许可标准，以及保护幼儿、家庭和工作人员的其他制度与程序。	提问：（如果没有许可证或临时许可证）你所在的教育机构不符合哪些标准？ 提问：你们正在努力达到这些标准吗？（如果是）将如何达到？

VII. 机构管理

VII–B. 机构制度促进班级中成人（即直接与幼儿接触的受雇员工）照护的持续性。

根据第 6 页的评分规则，圈出该条目的一个指标等级。

1　　2　　3　　4　　5

□如果未被观察或未报告到，请在这里打钩。

	水平 1 指标	水平 3 指标	水平 5 指标	支持性证据/逸事
第 1 行	幼儿园中的班级 □根据注册人数，每个班级内有 21 名或以上的幼儿。	幼儿园中的班级 □根据注册人数，每个班级内有 19—20 名幼儿。	幼儿园中的班级 □根据注册人数，每个班级内有 18 名或以下的幼儿。	□如果机构中只有婴儿/学步儿班，请标记"不适用"。 提问：你观察的班级中有多少名幼儿？
第 2 行	幼儿园中的班级 □根据注册人数，每个班级中成人与幼儿的比例≤1：11。	幼儿园中的班级 □根据注册人数，每个班级中成人与幼儿的比例为 1：10。	幼儿园中的班级 □根据注册人数，每个班级中成人与幼儿的比例≥1：9。	□如果机构中只有婴儿/学步儿班，请标记"不适用"。 提问：你观察的班级中成人与幼儿比例如何？
第 3 行	在有婴儿和（或）稍小学步儿（0—24 个月）的班级内 □10 名或以上的婴幼儿在同一小组中接受照护，5 名或以上的婴幼儿由同一名主要照护者照护。	在有婴儿和（或）稍小学步儿（0—24 个月）的班级内 □9 名婴幼儿在同一小组中接受照护，不超过 4 名婴幼儿由同一名主要照护者照护。	在有婴儿和（或）稍小学步儿（0—24 个月）的班级内 □8 名或以下婴幼儿在同一小组中接受照护，不超过 3 名婴儿或 4 名稍小的学步儿由同一名主要照护者照护。	□如果机构中只有幼儿班或每个班级内只有一名教师，请标记"不适用"。 提问：一个小组有多少名幼儿接受照护？

VII. 机构管理

根据第 6 页的评分规则，圈出该条目的一个指标等级。

1　2　3　4　5

VII–B.（续）

□如果未被观察或未报告到，请在这里打钩。

	水平 1 指标	水平 3 指标	水平 5 指标	支持性证据/逸事
				提问：对于拥有主要照护者的婴幼儿，多少婴幼儿由同一名主要照护者照护？对于婴儿呢？对于稍小的学步儿呢？
第 4 行	在有学步儿（24—36 个月）的班级内 □17 名或以上的婴幼儿在同一小组中接受照护，7 名或以上婴幼儿由同一名主要照护者照护。	在有学步儿（24—36 个月）的班级内 □16 名或以下的婴幼儿在同一小组中接受照护，不超过 6 名婴幼儿由同一名主要照护者照护。	在有学步儿（24—36 个月）的班级内 □不超过 12 名婴幼儿在同一小组中接受照护，不超过 4 名学步儿由同一名主要照护者照护。	□如果机构中只有幼儿班级，或者每个教室内只有一名教师，请标记“不适用”。 提问：一个小组里有多少名婴幼儿被照护？ 提问：对于拥有主要照护者的婴幼儿，有多少婴幼儿由同一名主要照护者照护？对于婴儿呢？对于学步儿呢？

VII. 机构管理

VII–B.（续）

根据第 6 页的评分规则，圈出该条目的一个指标等级。

1　2　3　4　5

□如果未被观察或未报告到，请在这里打钩。

	水平 1 指标	水平 3 指标	水平 5 指标	支持性证据/逸事
第 5 行	□在过去的 12 个月里，教师流动率高达 40%，甚至更多。	□在过去的 12 个月里，教师流动率为 16%—39%。	□在过去的 12 个月里，教师流动率低至 15%或更少。	提问：这个机构中有多少名教师？在过去的 12 个月里，有多少人离职或被更换？

VII. 机构管理

VII–C. 工作人员定期进行机构评价，并利用评价结果改善机构工作。

根据第 6 页的评分规则，圈出该条目的一个指标等级。

1　　2　　3　　4　　5

□如果未被观察或未报告到，请在这里打钩。

	水平 1 指标	水平 3 指标	水平 5 指标	支持性证据/逸事
第 1 行	□工作人员在过去一年没有对机构进行评价。	□工作人员在过去一年对机构进行了一次评价。	□工作人员在过去一年对该机构进行了两次或两次以上的评价。	提问：工作人员会评价这个机构吗？ 提问：（如果会）在过去的一年评价了几次？
第 2 行	□机构评价不用于测量实践情况。	□机构评价测量了实践的某些方面。	□机构评价测量了实践的所有方面，包括： •班级实践 •计划和评价程序 •家长参与 •管理程序	提问：对机构的哪些方面进行了评价？
第 3 行	□没有系统的程序来建立优势和改善机构工作。	□评价结果有时被用来建立优势和改善机构工作。	□评价结果被系统地用于建立优势和改善机构工作，包括： •识别在职培训需求 •修正管理实践 •寻找额外资源	提问：你如何使用机构评价的结果？

VII. 机构管理

VII–D. 机构有幼儿招生和注册计划。

根据第 6 页的评分规则，圈出该条目的一个指标等级。

1　　2　　3　　4　　5

□如果未被观察或未报告到，请在这里打钩。

	水平 1 指标	水平 3 指标	水平 5 指标	支持性证据/逸事
第 1 行	□机构没有幼儿招生和注册计划，幼儿是随机招收的。	□机构有一个有待完善的招生和注册计划。	□机构有一个充分完善和记录在案的招生与注册计划，包括选拔和安置程序。	提问：你们有幼儿招生和注册计划吗？（如果有）： （1）这个计划包括什么？ （2）计划是否有书面记录或其他档案？
第 2 行	□家长没有收到注册材料。	□家长收到一些注册材料。	□家长收到了注册材料，包括： •机构概述 •机构日程 •信息和登记表 •机构制度 •付款流程 •注册程序 •退款程序	提问：家长收到注册材料了吗？（如果收到）有什么材料？

VII. 机构管理

VII-D. （续）

根据第 6 页的评分规则，圈出该条目的一个指标等级。

1　2　3　4　5

□如果未被观察或未报告到，请在这里打钩。

	水平 1 指标	水平 3 指标	水平 5 指标	支持性证据/逸事
第 3 行	□在幼儿第一天上学之前，家长和幼儿没有来过该机构。 **示例：** - 在幼儿加入机构之前，家长只能通过电话与机构工作人员交谈。 - 幼儿在加入机构前没有参观过。 - 幼儿乘坐校车来。 - 机构不提供参观机会。	□在幼儿第一天上学之前，家长和幼儿在该机构停留了一个小时。 **示例：** - 当家长和机构负责人谈话时，幼儿在教室里玩。	□在幼儿第一天上学之前，家长和幼儿在该机构停留了 2 个小时或更长的时间。 **示例：** - 家长和幼儿观察机构，与教师交谈，与其他家长和同学见面，在教室内参观和游戏。 - 婴儿和学步儿在第一天上学前就有时间安顿下来。 - 婴儿和学步儿在上学前的两天或更多时间里，能与他们的家长一起在教室内参观 1 个小时或以上的时间。	提问：在幼儿第一天上学之前，家长和幼儿是否在该机构停留了一段时间？(如果有)： (1) 停留了多长时间？ (2) 他们在这段时间做了什么？

VII. 机构管理

VII–D. （续）

根据第 6 页的评分规则，圈出该条目的一个指标等级。

1　　2　　3　　4　　5

□如果未被观察或未报告到，请在这里打钩。

	水平 1 指标	水平 3 指标	水平 5 指标	支持性证据/逸事
第 4 行	□没有尽力为使用其他语言或有残疾的家长提供机构信息。	□在为使用其他语言或有残疾的家长提供机构信息方面付出的努力有限。	□为帮助使用其他语言或有残疾的家长获得机构信息做出了各种努力。 **示例：** – 家长手册有翻译版本或字号较大。	□如果该机构不服务于任何不讲英语或残疾的家长，请标记"不适用"。 提问：在你的机构中，有不使用英语或有残疾的家长吗？ 提问：你如何帮助他们获得机构信息和材料？

VII. 机构管理

根据第 6 页的评分规则，圈出该条目的一个指标等级。

1　2　3　4　5

VII-E. 机构有一套完整的运行制度和程序。

□如果未被观察或未报告到，请在这里打钩。

	水平 1 指标	水平 3 指标	水平 5 指标	支持性证据/逸事
第 1 行	□没有考勤制度。	□有非书面的（非正式的）考勤制度。	□有书面的考勤制度，工作人员和家长都了解，并坚持贯彻。	提问：你所在的机构有书面的考勤制度吗？（如果有）是否有程序用来确保该制度能被坚持贯彻下去？
第 2 行	□没有天气应对制度。	□有非书面的（非正式的）天气应对制度。	□有书面的天气应对制度，工作人员和家长都了解，并坚持贯彻。	提问：你所在的机构有书面的天气应对制度吗？（如果有）是否有程序用来确保该制度能被坚持贯彻下去？
第 3 行	□没有疾病应对制度。	□有非书面的（非正式的）疾病应对制度。	□有书面的疾病应对制度，工作人员和家长都了解，并坚持贯彻。	提问：你所在的机构有书面的疾病应对制度吗？（如果有）是否有程序用来确保该制度能被坚持贯彻下去？

VII. 机构管理

VII-E.（续）

根据第 6 页的评分规则，圈出该条目的一个指标等级。

1　　2　　3　　4　　5

□如果未被观察或未报告到，请在这里打钩。

	水平 1 指标	水平 3 指标	水平 5 指标	支持性证据/逸事
第 4 行	□没有药物制度。	□有非书面的（非正式的）药物制度。	□有书面的药物制度，工作人员和家长都了解，并坚持贯彻。	提问：你所在的机构有书面的药物制度吗？（如果有）是否有程序用来确保该制度能被坚持贯彻下去？
第 5 行	□没有纪律制度。	□有非书面的（非正式的）纪律制度。	□有书面的纪律制度，工作人员和家长都了解，并坚持贯彻。	提问：你所在的机构有书面的纪律制度吗？（如果有）是否有程序用来确保该制度能被坚持贯彻下去？
第 6 行	□没有事故和紧急制度。	□有非书面的（非正式的）事故和紧急制度。	□有书面的事故和紧急制度，工作人员和家长都了解，并坚持贯彻。	提问：你所在的机构有书面的事故和紧急制度吗？（如果有）是否有程序用来确保该制度能被坚持贯彻下去？

根据第 6 页的评分规则，圈出该条目的一个指标等级。

1　　2　　3　　4　　5

VII–E. （续）

□如果未被观察或未报告到，请在这里打钩。

	水平 1 指标	水平 3 指标	水平 5 指标	支持性证据/逸事
第 7 行	□没有虐待和忽视幼儿的报告制度。	□有非书面的（非正式的）虐待和忽视幼儿的报告制度。	□有虐待幼儿和忽视的书面报告制度，工作人员和家长都了解，并坚持贯彻。	提问：你所在机构有书面报告虐待和忽视幼儿的制度吗？（如果有）是否有程序用来确保该制度能被坚持贯彻下去？
第 8 行	□没有保密制度。	□有非书面的（非正式的）保密制度。	□有书面的保密制度，工作人员和家长都了解，并坚持贯彻。	提问：你所在机构有书面的保密制度吗？（如果有）是否有程序用来确保该制度能被坚持贯彻下去？
第 9 行	□没有申诉制度。	□有非书面的（非正式的）申诉制度。	□有书面的申诉制度，工作人员和家长都了解，并坚持贯彻。	提问：你所在机构有书面的申诉制度吗？（如果有）是否有程序用来确保该制度能被坚持贯彻下去？

VII. 机构管理

根据第 6 页的评分规则，圈出该条目的一个指标等级。

1 2 3 4 5

VII–F. 机构对残疾人开放。

□如果未被观察或未报告到，请在这里打钩。

	水平 1 指标	水平 3 指标	水平 5 指标	支持性证据/逸事
第 1 行	□机构设施不是无障碍的，残疾人无法进入。	□部分机构设施是无障碍的，残疾人可以使用。	□机构设施是无障碍的，残疾人可以使用，包括： •斜坡 •宽门 •无障碍卫生间 •无障碍存储（架子、挂钩） •残疾人停车场	提问：在你所在的机构中，残疾人是否也能使用下列设施？ (1) 斜坡 (2) 宽门 (3) 无障碍卫生间和卫生间固定装置 (4) 无障碍存储（架子、挂钩） (5) 残疾人停车场
第 2 行	□目前还没有设置无障碍设施的计划。	□有具体的设置无障碍设施的计划。	□无障碍设施功能维护良好。	提问：（上述提及的所有）设施维护良好吗？ 提问：（如果不满足上述任何一项）有没有计划提供这些设施？（如果有）计划是什么？

VII. 机构管理

VII–G. 机构资金充足。

根据第 6 页的评分规则，圈出该条目的一个指标等级。

1　2　3　4　5

□如果未被观察或未报告到，请在这里打钩。

	水平 1 指标	水平 3 指标	水平 5 指标	支持性证据/逸事
第 1 行	□资金不足以改善不安全的状况，或缓解各个年龄组设备和用品的短缺。	□资金足以为每个年龄组解决部分安全、设备和用品问题，但无法解决上述所有问题。	□资金足以保证教室的安全，并为每个年龄组提供适宜发展的设备和材料。	提问：你用以保证教室安全，并提供良好教学设备和材料的机构资金是不足、部分充足还是非常充足？
第 2 行	□资金不足以吸引和雇用各层次合格的工作人员。	□资金足以吸引和雇用某些级别，但不是所有层次都合格的工作人员。	□资金足以吸引和雇用各种层次合格的工作人员。工作人员薪资和福利与同类机构相当，甚至超过同类机构。	提问：你用以吸引和雇用所有级别都合格的工作人员的机构资金是不足、部分充足还是非常充足？

VII. 机构管理

VII-G. （续）

根据第 6 页的评分规则，圈出该条目的一个指标等级。

1　2　3　4　5

□如果未被观察或未报告到，请在这里打钩。

	水平 1 指标	水平 3 指标	水平 5 指标	支持性证据/逸事
第 3 行	□资金不足以为教学团队提供带薪的计划时间。 **示例：** - 教师不做计划，或者他们自己规划时间。	□资金足以为教学团队提供每周 1—2 次的带薪计划时间，及（或）教师每日计划时间，但不在一起完成。 **示例：** - 团队周五进行计划。 - 首席教师为所有幼儿制订计划。 - 一名教师计划一星期，另一名计划下一星期。	□资金足以为教学团队提供每日的带薪计划时间。 **示例：** - 两名幼儿园教师每天都在一起做计划，他们用幼儿午睡时间或在幼儿不在场的时间（每日工作开始前或结束后）做计划。 - 婴儿和学步儿照护团队都在一起做计划，他们用幼儿午睡时间或在幼儿不在场的时间（每日工作开始前或结束后）做计划。	提问：你用以支付教师计划时间的机构资金是不足、部分充足还是非常充足？如果是部分充足或非常充足，教师多久做一次计划？
第 4 行	□工作人员的发展资金不足以支付任何工作人员的资质认证费用。	□工作人员的发展资金足以支付部分工作人员的资质认证费用。	□工作人员的发展资金足以支付所有工作人员的资质认证费用，包括工作坊和会议费用、交通费、每日津贴和代课教师费用。	提问：你用以支付工作人员发展费用的机构资金是不足、部分充足还是非常充足？

VII. 机构管理

VII-G.（续）

根据第 6 页的评分规则，圈出该条目的一个指标等级。

1　2　3　4　5

□如果未被观察或未报告到，请在这里打钩。

	水平 1 指标	水平 3 指标	水平 5 指标	支持性证据/逸事
第 5 行	□资金不足以支付家长参与的活动和面向家庭的活动的所有费用。	□资金可以支付家长参与的活动和面向家庭的活动的部分费用。	□资金足以支付家长参与的活动和面向家庭的活动的所有费用，包括会议期间的照护费用，材料和更新费用，以及手册、资讯和其他资源的出版和发放费用。	提问：你用以支付家庭参与费用的机构资金是不足、部分充足还是非常充足？

汇　总　表

机构负责人姓名______________________　机构名称______________________

评价者姓名______________________　评价日期______________________

为每个条目进行评分（1、2、3、4 或 5）。请参阅第 6 页的评分说明。如果未对某个条目进行评分，请填写“未被观察或未报告到”。

V. 家长参与和家庭服务

____ A. 参与机会
____ B. 家长参与决策委员会
____ C. 家长参与幼儿的活动
____ D. 分享课程信息
____ E. 与家长沟通
____ F. 家庭延伸学习
____ G. 与家长的正式会议
____ H. 诊断/特殊教育服务
____ I. 按需要提供服务
____ J. 过渡

VI. 工作人员资质与发展

____ A. 机构主管的背景
____ B. 教师的背景
____ C. 支持工作人员的入职培训与监督
____ D. 持续的专业发展
____ E. 在职培训的内容与方法
____ F. 观察与反馈
____ G. 与专业组织的隶属关系

VII. 机构管理

____ A. 机构许可

____ B. 照护的持续性

____ C. 机构评价

____ D. 以家庭为中心的注册

____ E. 运行制度与程序

____ F. 残疾人无障碍环境

____ G. 机构资金充足

____未评分的机构条目数量

（标记“未被观察或未报告到”的条目数量）

____已评分的机构条目数量

（24 减去未评分的条目数量）

____机构总体得分

（已评分条目得分总和）

____机构平均得分

（总分÷已评分条目数）